《아주 특별한 상식 NN-국제분쟁》

국제분쟁,
재앙인가, 평화를 위한 갈등인가?

《아주 특별한 상식 NN-국제분쟁》

국제분쟁,
재앙인가, 평화를 위한 갈등인가?

헬렌 웨어 외 | 아시아평화인권연대 이광수 옮김

이후

《아주 특별한 상식 NN》이란?

우리 시대의 핵심 주제를 한눈에 알게 하는 《아주 특별한 상식 NN》

이 시리즈는 2001년에 영국에서 처음 출간되기 시작했습니다. 'The NO-NONSENSE guide'라는 이름을 갖고 있었으나 한국판을 출간하면서 지금 이 시대를 살아가는 우리가 꼭 알아야 할 '특별한 상식'을 이야기해 보자는 뜻으로 《아주 특별한 상식 NN》이란 이름을 붙였습니다. 세계화, 기후변화, 세계의 빈곤처럼 복잡하면서도 중요한 전 세계의 쟁점을 쉽게 이해할 수 있도록 기획된 책입니다.

각 주제와 관련된 주요 논쟁거리를 쉽게 알 수 있도록 관련 사실, 도표와 그래프, 각종 정보와 분석을 수록했습니다. 해당 주제와 관련된 행동에 직접 나서고 싶은 독자를 위해서는 세계의 관련 단체들이 어디에 있으며, 어떤 일을 하고 있는지 소개해 놓았습니다. 더 읽을 만한 자료는 무엇인지, 특별히 염두에 두고 읽어야 할 정보들은 어떤 것이 있는지도 한눈에 들어오게 편집했습니다.

우리 시대의 핵심 주제들을 짧은 시간에 쉽게 파악할 수 있게 도와주는 이 시리즈에는 이 책들을 기획하고 엮은 집단 〈뉴 인터내셔널리스트New Internationalist〉가 지난 30년간 쌓은 노하우가 담겨 있으며, 날카로우면서도 세련된 문장들은 또한 긴박하고 역동적인 책읽기의 즐거움을 느끼게 해 줄 것입니다.

　　다음 세대를 살아가는 데 알맞은 대안적 세계관으로 이끌어 줄 《아주 특별한 상식 NN》 시리즈에는 주류 언론에서 중요하게 다루지 않는 특별한 관점과 통계 자료, 수치들이 풍부하게 들어 있습니다. 이 시대를 살아가는 데 꼭 필요한 주제를 엄선한 각 권을 읽고 나면 독자들은 명확한 주제 의식으로 세계를 바라볼 수 있게 될 것입니다.

　　《아주 특별한 상식 NN》이 완간된 뒤에도, 이 책을 읽은 바로 당신의 손으로 이 시리즈가 계속 이어질 수 있기를 바랍니다.

《아주 특별한 상식 NN》, 어떻게 읽을까?

〈본문 가운데〉

▶ 용어 설명

본문 내용 가운데 특별히 중요한 용어는 따로 뽑아 표시해
주었다. 읽는 이가 꼭 짚고 넘어가야 할 개념이나 중요한
책들, 사회적으로 의미가 있는 단체, 역사적 사건에 대한
설명들이 들어 있다.

▶ 인물 설명

역사적으로 중요한 인물, 각 분야 문제 인물의 생몰연도와
간단한 업적을 적어 주었다.

▶ 깊이 읽기

본문 내용을 이해하는 데 부차적으로 필요한 논거들, 꼭
언급해야 하는 것이지만 본문에서 따로 설명하지 않고
있는 것들을 적어 주었다.

▶ 자료

본문을 읽을 때 도움이 될 통계 자료, 사건 따위를 설명하고
있다.

〈부록에 실은 것들〉

▶ 본문 내용 참고 자료

본문과 따로 좀 더 심도 깊게 들여다보면 좋을 것들을
부록으로 옮겨 놓았다.

▶ 관련 단체

해당 주제와 관련된 활동을 펼치는 국제단체를 소개하고,
웹사이트도 실어 놓았다.

▶ 원서 주석과 참고 문헌

더 찾아보고 싶은 자료들이 있다면 해당 주제와 관련된
정보를 친절하게 실어 놓은 부록을 통해 단행본, 정기간행
물, 웹사이트 주소를 찾아보면 된다.

▶ 함께 보면 좋을 책과 영화

이 책과 더불어 읽으면 좋을 책, 도움이 될 만한 영화를
소개해 놓았다.

N 차례

N 1장　전쟁과 평화

2장 분리에서 전쟁까지

5장 유엔, 다르푸르, 그리고 베이징의 석유 거래

N▷ 6장 전쟁의 비용

N▷ 7장 평화 속에서 사는 것을 상상해 보라

N **부록**

분쟁에 어떻게 대처할 것인가?

에스타니슬라우 다 실바Estanislau da Silva(동티모르 농림수산부 장관)

티모르 레스테, 즉 동티모르는 세계에서 가장 최근에 생긴 국가로 국제법적 지위 회복과 독립을 위해 투쟁한 지 24년 만에 그 목표를 이뤘다. (동티모르는 1999년 국민투표를 통해 인도네시아에서 독립해 2002년 5월 20일 공화국이 됐다. 지난 수십 년 동안 국제사회는 우리가 독립국가를 이루는 건 전적으로 비현실적인 꿈이라고 말해 왔다.) 오늘날 우리 티모르 사람들은 강고하게 단합해야 하고, 국가 행정 기구를 세워야 하며, 재정이나 천연자원의 운영을 감독해야 하고, 성장 잠재력이 있는 경제와 결속력 있는 사회를 구축해야 하는 새로운 도전에 직면해 있다.

1975년 12월 인도네시아의 침공 때부터 1999년 8월 독립을 국민투표에 부칠 때까지, 우리는 자유와 자결을 위한 권리 투쟁을 결코 멈추지 않았다. 대규모 폭탄 투하와 잇단 농경지 파괴, 그리고 해방 운동을 조직하는 〈프레틸린〉 전사들을 섬멸

●프레틸린PRETILIN-〈동티모르독립혁명전선〉, 인도네시아로부터 독립한 이후 치뤄진 첫 선거에서 전체 의석 88석 가운데 55석을 차지해 다수당이 되었다. 옮긴이

하기 위한 군사작전이 전개되면서 전체 인구의 3분의 1이 죽어 나갔다. 수하르토 정권이 자행한 이 학살에 많은 외국 정부가 공모했다. 거기에 서구의 민주국가들이 포함된 것은 물론이다. 책임 있는 정부 수립이 어려운 것도 이 때문이다. 심지어는 국민투표 이후에도 인도네시아 정부는 무장한 민병대를 보내 양민에 대한 테러를 일삼으면서 많은 사람들을 죽였다. 동티모르에 거주하는 주민 치고 이런 폭력에 피해를 당하지 않은 사람이 없다.

여러 해 동안 우리의 삶과 자유 그리고 문화를 유지하기 위해 투쟁하면서 우리는 분쟁에 대해 배웠다. 어떻게 하면 우리보다 인구가 2백 배나 많으면서 엄청난 부를 가진 식민 권력을 물리칠 수 있을 것인가에 대해 배웠다. 또 우리를 하찮게 여기고 인도네시아와 좋은 관계를 유지하기 위해서 우리의 인권 따위는 안중에도 없는 **현실** 정치의 세계 앞에서 우리의 과제를 어떻게 계속 견지해 갈 것인지도 배웠다. 형제끼리 싸우는 내전의 재앙도 알게 됐다.

우리는 국가의 단합이나 국제 연대, 또 언론이 바로 우리의 투쟁에 지지를 모아 주는 강력한 수단이라는 것을 배웠다. 1991년 11월 12일에 자행된 딜리 학살이 전 세계의 전파를 타면서 세계는 충격에 빠졌다. 그 방송을 통해 사람들이 각성했고, 누가 인도네시

●딜리Dili 학살 – 산타크루즈 묘지 학살이라고도 부른다. 1991년 11월 4일 포르투갈 사절단이 동티모르에 도착하자, 때를 같이해 많은 동티모르인들이 독립을 호소했다. 인도네시아 정부군의 탄압은 더욱 극심해졌고, 결국 세바스티앙 고메스라는 청년이 살해되기에 이른다. 뒤이어 청년의 죽음을 애도하기 위해 수천 명의 사람들이 산타크루즈 묘지로 행진했고, 인도네시아 정부군은 이들을 향해 무참히 총격을 가했다. 약 2백여 명의 사람들이 죽거나 실종된 것으로 알려진다. 옮긴이

아 군의 테러를 도와주었는지도 알게 되었다.

나조차도 1973년에서 1999년까지, 26년의 세월 동안 내 조국을 떠나 있어야 했다. 나는 1974년 리스본에서 첫 〈망명프레틸린위원회〉의 일원으로 저항운동에 가담했다. 1976년에는 〈오스트레일리아노동조합〉과 〈동티모르독립을위한캠페인〉의 도움을 받아 동티모르에서 투쟁하고 있던 〈프레틸린〉 전사들과 교신할 수 있는 이동 라디오 방송국을 운영하기 위해 오스트레일리아로 갔다. 그런데 이것은 불법이었다. 오스트레일리아 정부는 티모르 저항운동 단체와 교신하는 것 일체를 금지했기 때문이었다. 이로써 인도네시아의 침략 행위나 그 정부군이 자행한 잔학 행위에 대해 정보를 얻을 수단이 사라져 버렸다. 오스트레일리아 경찰이 라디오 방송국을 폐쇄한 1976년 9월, 나는 체포·투옥되었다. 그러나 다윈 법원은 나를 풀어 주었고 이후에는 어쩔 수 없이 모잠비크로 거처를 옮기게 됐다.

우리는 줄곧 다양한 정치적 견해 속에서 티모르 사람들의 공통된 이해에 도달하기 위해 애썼다. 원칙을 세워 놓고 그 안에서 다른 사람들의 의견을 존중하고 대화하면서 조국의 단합을 강화시켜 왔다.

내 조국과 내 삶을 통해 겪은 분쟁의 경험 덕분에 이 책의 서문을 쓸 수 있게 되어 무척 기쁘다. 이 책을 통해 사람들은 동의하거나 치열하게 논쟁할 이야깃거리들을 갖게 될 것이다. 요지는 이렇다. 분쟁은 그 자체로 악한 것은 아니다. 분쟁이 없었다면, 우리 동티모르인들이 이렇게 빠른 시일 내에 독립을 쟁취하기가 무척 어려웠을 것이다. 문제는 분쟁에 어떻게 대처할 것인가다. 이것이 이 귀한 책이 말하고자 하는 주제다.

▪ 일러두기

1. 한글과 외래어 표기는 〈국립국어원〉 표준국어대사전 표기 및 '외래어 표기법'을 따랐다. 단, 원칙대로 표기할 경우 현실과 지나치게 동떨어진 음이 나오면 실용적 표기를 취했다.

2. 단행본, 정기간행물에는 겹낫쇠(『』)를, 논문이나 기고문, 에세이 등에는 홑낫쇠(「」)를, 단체명과 영화명의 경우 꺾쇠(〈 〉)를 사용했다. 그 외, 영문 단행본이나 정기간행물은 이탤릭체로, 영문 논문은 큰따옴표(" ")로 표시했음을 밝힌다.

3. 옮긴이가 독자의 이해를 돕기 위해 첨언한 부분은 대괄호([ ])로 묶어 표시했고 용어나 인물 설명, 깊이 읽기 가운데 옮긴이가 추가한 내용에는 옮긴이 표시를 붙였다.

4. 원서에 있던 본문 주석은 모두 부록으로 뺐다.

5. 이 책에서는 국제기구의 이름을 약자로 쓰지 않고, 되도록 풀어 썼다. 자주 등장하는 단체 및 기구는 다음과 같다.

〈유네스코(UN's Educational, Scientific and Cultural Organization, UNESCO)〉
〈팔레스타인해방기구(Palestinian Liberation Organization, PLO)〉
〈유엔코소보임시행정부(UN Interim Administration Mission in Kossovo, UNMIK)〉
〈북대서양조약기구(North Atlantic Treaty organization, NATO)〉
〈세계은행World Bank〉
〈국제통화기금(International Monetary Fund, IMF)〉

풀뿌리 평화운동을 위하여

1971년 나이지리아 동부 지역에 위치한 시장에 서서, 나는 정육점 지붕 위에 독수리 몇 마리가 터를 잡고 있다고 말하고 있었다. 그 때 비아프라 장군 출신 동료 한 사람이 탄성을 지르며 "아! 그 친구들을 다시 보게 되었다는 게 놀랍지 않아요? 전쟁 중에는 하나같이 모두 전쟁터 밖에 나가 있었는데 말이죠" 하고 말을 받았다. 전쟁을 겪은 자만이 진

●비아프라Biafra─나이지리아 동부 지역. 1967년 비아프라 공화국으로 독립을 선언했으나, 1970년 다시 나이지리아에 흡수됐다. 옮긴이

정으로 평화에 감사할 수 있다. 나이지리아는 내게 어떻게 서로 다른 편에 서서 싸운 사람들이 실제로 동지가 되어, 서로에게 보복을 하거나 누명을 씌운다거나 하지 않고 실질적인 문제를 해결하기 위해 함께 손을 잡아 경제 발전을 이루고 그것을 바탕으로 항구적 평화를 세울 수 있는지를 여실히 보여 주었다. 우리는 나이지리아 땅에서 벌어진 종족 간의 증오가 어느 정도였는지 익히 들어 왔다. 이제 내전이 끝났으니 정치인들이 나이지리아 사람들을 놓아 주

기만 하면 된다. 그렇게 되면 그 사람들은 캄보디아나 지금의 모잠비크에서와 같이, 원래 위치로 돌아가 농사를 짓고 자식들을 키울 것이다. 그것이 바람직한 일이다.

우리가 어린아이일 때 분쟁, 평화, 그리고 정의에 대해 배운 것은 평생 동안 우리와 함께 간다. 그래서 불화를 어떻게 다뤄야 하는지 학교에서 거의 배우지 않는다는 사실은 참으로 불행한 일이다. 이보다 더 비극적인 것은 노는 법조차 배우지 못한 아이들이 실전에서 총을 사용하는 법을 배운다는 사실이다.

나는 할아버지가 두 분 계셨다. 한 분은 제1차 세계대전 중 평화주의자로 투옥됐다. 또 한 분은 프랑스를 위해 싸운 애국 단원이었는데 전쟁의 충격 때문에 귀국 후에는 소모적인 전쟁을 전적으로 반대했다. 부모님도 반반으로 나뉘어서 어머니는 평화주의자로 의학 연구자였지만, 아버지는 새로운 화약을 개발했다.

나는 어렸을 때 누군가가 총을 들고 집 안으로 침입하면 그 침입자를 어떻게 해야 할지 고민한 적이 있었다. 이 문제는 오늘날에도 여전히 유효하다. 그렇지만 상황은 바뀌었다. 첫 번째로, 이제 전쟁은 십중팔구 내전이고, 그 내전에서 대부분의 희생자는 민간인이다. 두 번째로, 우리는 평화를 구축하는 법에 대해 훨씬 많은 것을 알고, 분쟁을 해결할 수 있는 방안을 많이 가지고 있다.

1980년대 잠비아에서 외교관으로 있으면서 나는 남아프리카공화국과 나미비아에서 망명한 어느 과격분자를 마주한 적이 있다. 누군가의 관점에서 그는 독립투사이기도 했고 테러리스트이기도 했다. 남아프리카공화국 군대의 지도자들이 〈남아프리카민족회의

(ANC)〉의 무장파를 처음 만난 순간, 그들은 일반 시민들과 비교해서 투사로서 그들끼리 얼마나 많은 공통점을 가지고 있는지 이내 깨달았다. 그때 그 순간은 특히나 오랫동안 고통 받아 온 일반 시민들에게는 자유가 마침내 발맞춰 걸어오던 위대한 시간이었다.

이제 난 내 동료들과 팀을 이뤄 오스트레일리아의 농촌에 있는 뉴잉글랜드 대학교에서 평화를 연구하고 조사하고 가르친다. 우리는 종족이나 종교, 사상을 막론하고 오스트레일리아, 영국, 말라위, 북아일랜드, 스리랑카 등지에서 온 다양한 출신들로 이루어졌다. 절대적 비폭력을 추구해야 한다는 입장에서부터 르완다, 코소보, 혹은 다르푸르가 직면한 상황에서는 비폭력만 견지해서는 많은 생명을 신속하게 구제할 수 없다는 실용적 접근까지 각자의 의견들도 다르다. 그렇지만 우리는 모두 평화와 정의에 대한 열정을 공유한다. 이 책은 바로 우리가 함께 한 산물로 풀뿌리에서부터 평화를 구축하고자 하는 우리의 소망이 담겨 있다.

1 전쟁과 평화

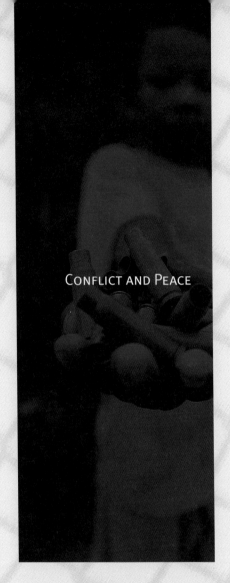

CONFLICT AND PEACE

분쟁의 순기능으로는 어떤 것들이 있을까?
평화 구축 과정에서 외부의 중재는 늘 효과적인가?
평화를 지키는 과정에서 여성들은 어떤 역할을 할
수 있을까?

01

전쟁과 평화

분쟁이 늘 나쁜 건 아니지만 빠른 속도로 통제할 수 없는 상태에 빠질 수 있다는 게 문제다. 세계는 수많은 폭력에 시달려 왔고 이제는 그 경험을 통해 분쟁의 원인을 이해하고 분쟁을 다루는 길을 찾을 필요가 있다.

> "평생 전쟁을 지켜보면서 나는 전쟁이란 인간의 고질병이고 그 병을 옮기는 것은 정부라는 것을 알게 되었다."
>
> —마사 겔혼Martha Gellhorn(1908~1998, 미국 저널리스트이자 작가)

"폭력은 이미 상처를 입은 사람들에게 또 다시 상처를 입힌다. 압제자의 야만성을 드러내지 못하고, 압제를 정당화할 뿐이다." 〈미국농장노동자조합US United Farm Workers' union〉의 지도자인 세사르 차베스Cesar Chavez의 지적이다. 사람들과 집단 사이에 싸움이나 분란이 생기는 것은 일상적인 일이다. 집이나 일터에서, 또 가족이나 친구, 동료들 사이에서 흔히 일어나는 일인 것이다. 싸움이나 분란이 생기는 것은 우리가 가진 필요와 믿음, 욕구가 제각각이기 때문이며 저마다 최선을 다해 그것을 채우려고 들기 때문이다. 한 쪽의 열망과 목표가 다른 쪽의 그것과 부딪히거나 모순될 때 그 결과로 긴장이 발생하는 것이다.

충돌의 수준이나 규모에도 차이가 있다. 첫째, 개인적 충돌이다. 이를 테면 초콜릿을 먹는 행복을 택할지, 초콜릿을 포기하는 대신 몸매를 유지하는 쪽을 택할지 하는 문제다. 둘째, 개인과 개인 사이 의견의 불일치다. '우리 축구 팀이 너희 팀보다 낫지!', '아니야, 무슨 소리. 우리 팀이 더 낫지!' 하는 것과 같다. 셋째, 별개의 집단, 즉 공동체, 무장 집단, 정부 부처, 비정부기구(NGO), 조합, 기관들끼리의 불화다. 마지막으로 국가 간 혹은 국가연합 사이에서 발생하는 국제적 분쟁이다. '테러와의 전쟁'에서처럼 오늘날의 폭력은 국경을 무너뜨려 누가 '우리' 편이고 누가 '다른' 편인지를 분간하기 어렵게 한다. 그 좋은 예가 서구에서 태어났거나 그곳에 이주해 사는 무슬림이다.

냉전 이후 많은 국제분쟁은 국가 안에서 발생한 내전 혹은 '국가 내 전쟁'이었다. 이런 분쟁은 대부분 한 국가 안에서 다른 토착 집단, 종족 집단, 언어 집단, 종교 집단 사이에 분명한 차이가 있다는 생각 때문에 일어나고 종종 지배적인 집단에 맞서 발생한다.

건설적 차이

물론 중요한 차이가 건설적일 때도 가끔은 있다. 그래서 그것이 꼭 폭력으로 이어진다고 할 수만은 없다. 다른 사회과정들과 마찬가지로 결과란 문제의 성격에 따라서, 또 그에 연루된 사람의 수나 그들 사이의 관계에 따라 결정된다. 사람들이 어떻게 반응하는지 그리고 그 차이를 어떻게 해결하는지에 따라 그 결과는 폭력적일 수도 있고 새롭거나 긍정적인 발전이 될 수도 있다. 예를 들어, 영화를 만들 때 관계자들이 예술적인 문제를 놓고 종종 씨름하지만 그 결과는 혼란스럽고 실망스러울 수도 있고 창의적인 성과를 낼 수도 있는 것이다. 분쟁은 정체를 막아 흥미와 호기심을 자극하고 문제를 환기시켜 해결책을 찾게 만들 수 있다. 또 대외적인 분쟁은 내부 집단의 응집력을 키울 수도 있다. 불화에 건설적으로 대처하면 불만의 원천을 제거하고 이탈을 막아 사회구조를 재정비할 수 있으며 결국 사회 안에 새로운 균형을 창출할 수도 있다.

분쟁을 '다루는' 방법은 많다. 무력을 사용할 수도 있지만 조정이나 정책 변경, 법적 절차, 중재와 협상을 통할 수도 있다. 그러면 다음과 같은 결과가 도출된다.

- 패자—패자: 모든 당사자들이 결과에 만족하지 못한다. 즉, 서로 싸우는 통에 물고기만 다 죽어 버린다.
- 승자—패자: 어느 한쪽이나 일부의 필요가 충족되었거나 넓게 보아 한쪽이 다른 한쪽보다는 어느 정도 필요가 충족되었다고 간주할 수 있는 상황이다. 즉, 한쪽이 대부분의 물고기를 가져간다.
- 승자—승자: 양쪽이 이기는 바람직한 상황으로 모든 당사자들이 만족할 만큼 필요가 충족된다. 즉, 새롭고 지속 가능한 어장이 개발되어 모두가 공평하게 물고기를 나눠 갖는다.

우리는 태생상 혹은 본성상 폭력적이고 경쟁적인가? 아니면 폭력적이고 경쟁적인 것은 학습된 것인가? (62쪽, '폭력적인 본성?' 참고) 이에 대한 대답이 무엇이든 불화의 가장 흔한 원인은 자원에 접근하고 자원을 이용하는 것을 둘러싼 다툼이다. 자원이 희소하면 할수록 긴장은 더욱 커진다. 그렇지만 '이기기' 위해 경쟁하기보다 타협하고 협조하는 것을 배울 여지는 언제든 있다. 알다시피 우리는 우리의 기본적인 필요를 충족시키기 위해 필요한 모든 것을 하고자 하며 그래서 불화할 수밖에 없는 자신을 발견하기 마련이다.

사람들은 추상적인 권리를 위해서도 기꺼이 싸우고자 한다. 그 좋은 예로 기초적 필요에 앞서 언론의 자유나 자결권을 위해 싸우는 경우를 들 수 있다. 이 경우, 그러한 필요성을 분명하게 납득시킬 때에만 해결책을 찾을 수 있다.

다른 여러 이유도 있다. 불화는 억압적 사회·문화·구조·경제 틀이나 사회-정치 체제에 의해 발생하는 부정, 인권 침해, 불평등으로부터 생겨날 수 있다. 이때 문제를 해결하기 위해서는 부정의에 항거해야 하고 체제를 변화시켜 평등과 정의, 평화를 증진할 수 있는 더 공정하고 소통이 활발한 관계를 마련해야 한다.

파괴적인 갈등은 폭발하는 경향이 있다. [갈등을 초래한] 그 유해

"당신은 평화란 전쟁의 반대라고 배워 왔을 것입니다. 나 역시 그렇게 배웠습니다. 과연 그럴까요? 인도에서 평화는 매일 먹을 것과 피난처와 존엄성을 위한 전쟁일 뿐입니다."
―아룬다티 로이Arundhati Roy(1961~, 인도의 작가이자 활동가)

하고 위험한 요소들이 그것을 감내해 오던 사람들을 압도해 버리기 때문이다. 불일치가 커질수록 힘, 위협, 강요, 기만 등에 더욱 의존하게 되고, 역으로 설득, 화해, 그리고 차이의 최소화와 상호 이해 및 선의의 증진으로부터 멀어지는 법이다. 분쟁을 일으키는 각 당사자 사이에 의견을 일치시켜야 한다는 부담감이 커지게 되고, 과격한 집단으로 리더십이 넘어가는 경향이 강해진다. 그렇게 되면 싸움에서 무조건 이겨야 한다는 생각을 부추겨 통찰력이 떨어지는 것은 물론, 목적을 위해서라면 무엇이든 하게 된다.[1] 따라서 [갈등에] 조기 개입하는 것이 훨씬 더 낫다.

오늘날의 분쟁

1989년 냉전이 끝난 이후 세계의 전쟁은 국제전에서 내전으로 옮겨 갔다. 비록 아프가니스탄과 이라크에서 '자발적 연대'에 의해 국가 간의 전쟁이 발발하긴 하지만 한 나라 안에서 분쟁이 일어나는 경우가 훨씬 더 많다. 그 좋은 예로 인도네시아의 아체와 서파푸아, 멜라네시아의 부갱빌, 러시아의 체첸, 이스라엘과 팔레스타인, 시에라리온, 수단, 스리랑카 등을 들 수 있다. 이러한 내부 분쟁은 주로 정의, 대의 정치, 안보, 자치 등의 이슈를 놓고

●아체Aceh─인도네시아의 특별 행정 구역으로 수마트라 섬 북단에 있다. 이슬람 국가 건설을 목표로 한 〈자유아체운동(GAM)〉을 중심으로 독립과 민주화의 요구가 계속되고 있다. 옮긴이

●서파푸아West Papua─뉴기니 섬 서반부와 인근 섬들을 가리킨다. 1969년 인도네시아로 편입되었지만 1965년 설립된 〈자유파푸아운동(OPM)〉을 중심으로 분리운동이 계속되고 있다. 옮긴이

벌어진다. 불만이 쌓이면 정치 변혁, 국가 분리, 더 높은 수준의 의사 결정 참여, 종족·종교·언어 차이에 기반한 정체성의 인정이나 인종적으로 평등한 관계를 요구하는 데까지 나아간다. 이러한 차원의 수많은 분쟁은 오랜 기간 적대감, 고정관념, 지배, 불신 등을 초래한 역사적 과오에서 발생하는데, 그러한 입장이 쉽게 바뀌지는 않는다. 스리랑카 분쟁을 예로 들어보자. 이 분쟁은 1983년에 시작되어 2002년 휴전으로 어느 정도 해소되는 기미를 보이고 있지만 휴전 선언 역시 위태로운 게 사실이다. 원래 스리랑카 분쟁은 종족 집단 사이에 권력을 나누는 데 합의

●**부갱빌**Bougainville―1975년 파푸아뉴기니에 포함됐다가 분리 독립운동을 통해 2001년 평화 합의를 이뤄냈고, 부갱빌 자치 정부가 승인되었다. 옮긴이

●**시에라리온**Sierra Leone―아프리카 대륙 서부 대서양 해안에 위치한 작은 나라. 1961년 영국에서 독립했다. 1991년 포데이 산코를 축으로 한 〈혁명연합전선(RUF)〉이 동부의 다이아몬드 광산을 장악하고 10년간 처절한 학살을 자행해 20만 명에 이르는 사상자를 냈다. 2000년 포데이 산코를 붙잡아 전범 재판에 회부하면서 반군 세력이 서서히 약화되고 있는 중이다. 옮긴이

함으로써 충분히 억제될 수 있었다. 그러나 타밀족을 차별하고 특정 인종을 배제하는 것을 기반으로 하는 정당 때문에 문제 해결이 어려워졌다. ■

분쟁을 유발하는 또 다른 원인은 자원이다. 콩고민주공화국에서는 기업들이 사람들을 전혀 배려하지 않고 탐욕에만 눈이 멀어 해를 끼치는 경우가 많다. 〈휴먼라이츠워치Human Rights Watch〉의 안네케 판 보우덴베르크Anneke Van Woudenberg는 "콩고 동북부와 같이 폭력이 난무하는 지역에서는 기업은 스스로가 평화를 지지하고 인권을 존중하는 활동을 한다는 것을 보여 줘야 한다"고 말했다.

폭력

불행하게도 분쟁을 해결하려는 시도 가운데 폭력은 여전히 주요한 수단이다. 국가의 이익을 위해서나 소요나 내전을 통제하기 위해서 무장 군대나 경찰을 투입하는 것처럼 가정에서나 학교에서도 폭력을 사용하고, 거리에서도 범죄를 제압하기 위해 폭력을 사용한다. 폭력이란 사회적·경제적·정치적 목표를 달성하기 위해 사용하는 여러 수단 가운데 하나일 뿐이다. 폭력 말고도 많은 대안이 있다. (7장 참고) 보통 그런 대안을 사용하다 실패로 돌아가면 상황은 폭력적으로 돌변한다.

> "우리 토착민의 선조인 마야인과 아즈텍인들은 신에게 인간 희생제를 지낸 것으로 알려져 있다. 그런데 한 가지 묻고 싶은 게 있다. 지난 500년 동안 자본이라는 신에게 바쳐진 인간 희생물은 얼마나 많은가?"
> ─리고베르타 멘추 툼Rigoberta Mencheú Tum(1959~, 원주민 권리를 위한 과테말라 활동가이자 1992년 노벨평화상 수상자)

민간인의 피해가 가장 크다

현대의 전쟁은 민간인에게 가장 치명적이다. 전쟁은 주로 가정과 농경지를 파괴하고, 식수, 토지, 그리고 공기를 오염시키며, 노인, 여성, 어린이, 부모 등을 죽이거나 상해를 입힌다. 또 강간, 고문, 투옥, 잔혹 행위, 기근, 트라우마, 질병 등도 일으킨다. 보통 [전쟁 당사자인] 양쪽 모두 테러라는 개탄스러운 행위에 가담한다. 그

러한 폭력의 결과로 사회는 분노와 혼란에 휩싸이게 되고, 피해자
는 가해자에게 보복으로 앙갚음하려 한다. 폭력의 악순환이다. 싸
움은 끝없이 꼬리를 물면서 영속화된다. 바로 이렇기 때문에, 안
타깝지만 통계적으로 내전을 불러일으키는 원인은 이전의 내전인

■ 깊이 읽기

한 지붕 두 가족, 타밀족과 싱할라족의 분쟁

1983년 스리랑카 내전은 영국의 식민 지배 시기 기득권을 누렸던 타밀족과
스리랑카 인구의 대다수를 차지하는 싱할라족 사이의 갈등이 독립을 계기
로 격화되면서 시작되었다. 스리랑카 인구의 20퍼센트가 채 되지 않은 소수
종족인 타밀족은 불교도인 싱할라족이 정권을 잡고 차별 정책을 시행하자
무장 세력을 조직해 스리랑카 북쪽에서부터 남쪽으로 세력을 넓혀 나가기
시작한다. 싱할라족에 대한 압박 강도를 점차 넓혀 가던 타밀 반군은 2002
년 온건파가 집권하고 있던 스리랑카 정부와 정전협정을 체결하게 된다. 그
러나 타밀족의 연방제 요구는 받아들여지지 않고 협상은 지지부진했다.
그러다가 2005년 11월 타밀족에 대한 강경 노선을 견지하던 마힌다 라자파
크세가 대통령에 당선되면서 기나긴 갈등은 파국을 향해 치닫는다. 마힌다
대통령은 반군 축출보다 '타밀 지역 초토화'를 목표로 엄청난 공세를 퍼부
었다. 그리고 마침내 2009년 5월 17일, 스리랑카 정부군에게 포위된 〈타밀엘
람해방호랑이(Liberation Tigers of Tamil Eelam, LTTE)〉가 패배를 인정해, 26년간
의 내전도 막을 내렸다. 내전 기간 동안 스리랑카에서는 8만 명 이상이 죽고
26만 명이 넘는 타밀족 난민이 생겨난 것으로 추정된다. 옮긴이

▶참고─르몽드 디플로마티크 기획, 『르몽드세계사1』, 권지현 옮김, 휴머니스트, 2008, 212쪽~213쪽.
　　　"타밀엘람해방호랑이는?", 『한겨레』, 2003.10.8.
　　　"타밀 반군 초토화시킨 '피의 3형제'", 『주간경향』827호.

경우가 대부분이다. 갈등은 기가 꺾여 있다가도 부글거리고 결국 다시 끓어오르는 것이다.

분쟁의 현장에서

분쟁을 해결하기 위해서는 전방위적인 시각으로 접근해야 한다. 즉, 각각의 경우를 이해하고 평가하기 위해서는 우리 자신의 믿음을 성찰하고 특별한 사례를 분석할 필요가 있다. 스리랑카와 북아일랜드의 경우를 보면 서로 멀리 떨어져 있지만 두 나라가 겪고 있는 분쟁 사이에는 눈에 띄는 유사성이 있는 것이 사실이다. 국제분쟁을 분석하면서 사용한 동일한 접근 방법을 지역 차원에서도 효과적으로 사용할 수 있다. 여기서 평화를 가져오는 데 유용한 몇 가지 기초적 수단과 절차를 알아보자.

외부에서 온 평화운동가는 내부 주민들을 도와 분쟁을 해결하는 과정에서 자신이 그 상황에 맞춰 효과적으로 투입되었다는 사실을 받아들일 필요가 있다. 평화운동가들 역시 사회화의 산물로, 자신들의 문화적 배경을 다른 곳에 가져간다. 우리는 우리 자신의 개인적, 교육적, 사회적, 그리고 문화적 거름망을 통해 세계를 읽고 해석하는 경향이 있다. 다른 환경에서 일어난 분쟁을 해결하려 할 때 이를 인정하는 것이 특히 중요하다. 우리가 알고 있으며 분명하다고 생각하는 우리 사회와 문화 안에 있는 모든 것은 양도될 수 있는 것이 아니다. 이는 [분쟁을 해결하려고] 총력을 다해 뛰어 들기 전에 지역민들의 말에 귀 기울이고 그들에게서 배우려는 적극

넘쳐나는 폭력

사람들의 삶의 질은 전체적으로 향상되었지만, 폭력은 충격적인 수준으로 유지되고 있다.

- 매년 160만 명 이상이 폭력으로 목숨을 잃는다.
- 매일 849명이 무장 분쟁의 결과로 살해당한다.
- 매일 1,424명이 대인 간 폭력 때문에 살해당한다.

▶출처-World Report on Violence and Health(WHO 2002)

NO-NONSENSE

넘쳐나는 무기

1989년 이래 세계에서 무력 분쟁이 일어난 횟수는 1990년과 1998년을 제외하고는 꾸준히 감소해 왔다. 과거에 비해 1989년 이후로 일어난 무력 분쟁이 계속해서 성공리에 통제되어 왔기 때문이다. 1989년 이후 발생한 분쟁 가운데 1998년에만 스물일곱 건이 일어났고 이 가운데 다섯 건만이 아주 오래 지속된 심각한 분쟁으로, 평화를 이루기가 어려운 것들이었다. 2003년에는 그 수가 19건까지 내려갔다.

주요 무력 분쟁 횟수 (1989~1998)

▶출처-Stockholm International peace Research Institute(SIPRI)

적인 자세와 공동 학습이라는 도전으로 우리를 이끈다.

불화를 다루는 데는 각 문화마다 고유의 방법이 있다. 우선 질문해야 하는 것은 그 방법들이 무엇이냐다. 예를 들어, 각 지역 지도자들이 전국을 돌아다니며 서로를 만나 상황을 잠재울 의지가 있는 상황에서 유일한 장애물이 부족한 자금일 경우, 국제사회가 개입하는 것은 부적절한 방법일 수 있다. 대부분의 사회에서는 지역민들이 평화 구축에 적극적으로 개입한다. 그들을 찾아내서 그들에게 무엇을 하고 있는지 혹은 평화를 촉진시키기 위해 무엇을 하려 하는지를 물어보는 것이 중요하다. 어디서든 사람들은 생존하려 하기 때문에 폭력 앞에서 결코 수동적이지 않다. 다만, 인도네시아 파푸아 사람들처럼 소수집단일 경우에는 납작 엎드려 있는 것이 생존 전략일 수 있다. 인도네시아군은 그들을 아무렇게나 다루어도 처벌받지 않았기 때문이다. 어쨌든 개인들은 자기 삶을 파괴하는 폭력을 종식시키기 위해 공동체 안에서 다른 사람들도 함께할 수 있는 활동들을 조직한다. 위에서 지시한 대로 따르는 낡은 식민주의적 방식은 문제 해결을 어렵게 만들고 결국에는 실패로 돌아가기 마련이다.

> "폭력을 쓰지 않고 세계 평화를 이룬다는 것은 멍청한 생각도 아니고 불가능한 생각도 아니다. 그 밖에 모든 방법은 다 실패했다. 그래서 우리는 새롭게 시작해야 한다. 비폭력은 좋은 출발점이다."
> −1964년 12월, 마틴 루서 킹(1929~1968, 미국 인권 운동가)

효과적인 평화 구축은 개인과 함께 시작한다. 우리 모두는 외부 세력이 개입하기 전에 공동체 안에서 일어나는 분쟁에 스스로 적극적으로 대처해야 한다. 모든 사람들은 현상을 바라보는 각자의 렌즈를 갖고 그 렌즈를 통해 세계를 보기 때문에 분쟁에 대한 이해는 다 다르다. 심지어는 같은 지역 출신들끼리도 다르다. 사태에 불을 붙이는 요인들은 싸움이 지역 차원에서 벌어졌던 국가 차원에서 벌어졌던 국제 차원에서 벌어졌든, 모두 동일하다. 옳아야 하고, 그 어떤 대가를 치르더라도 이겨야 하며, 판에 박힌 시각이나 편견에 사로잡혀 판단하는 것, 비난을 전가하는 것이나 인도주의적 견지에서가 아니라 주로 경제적 합리성을 따져 결정을 내리는 것이 그러한 요인에 포함된다.

그렇지만 이렇게 부정적인 인식을 공유하는 바로 그 사람들이 복구 과정에서 주요 활동가가 될 수 있다. 그렇다면 평화를 향해 가는 것이란 스펙트럼에서 추를 긍정의 끝 쪽으로 옮기는 것이다. 때로는 명백하고 안전하고 규범이라 여겨지는 것들을 넘어서, '상자 바깥에서' 생각할 필요가 있다. 가장 비참한 분쟁은 샛길이 없이 일직선으로 나뉜 곳, 종족이나 종교, 계급의 구분이 모두 동일한 지점에서 일어나 한 개인이 그 세 가지의 차별을 한꺼번에 받는 곳에서 일어나는 경우가 많다. [분쟁의 해결을 용이하게 하는] 긍정적 요인으로는 협동하는 연대가 있다. 집단의 참여자들이 경계를 초월해 구성되거나 공통적인 충심, 분쟁에 반대하는 종교나 그 밖에 다른 가치를 공유할 경우, 그리고 폭력을 조장하면 어떤 일이 벌어질 수 있는지를 이해하고 제도나 절차, 집단을 이해하는 일까지 포함된다.

이해로 가는 길

분쟁을 분석하는 첫 걸음은 핵심 인물들과 그들의 이슈, 그들의 권력 관계 그리고 그들의 이전 행동을 확인하는 것이다. 이에 대한 정보를 확보하면 차이를 조장하는 여러 요인과 배경, 동기 등을 더 깊게 이해할 수 있게 된다.[2] 마찬가지로 중요한 것은 분쟁의 각 국면을 세 단계 이상으로 나누고 각각이 갖는 눈에 보이는 양상과 숨겨진 양상들의 차이를 구별하는 것이다.[3] 이러한 방식으로 '지도'를 제작하면 불화의 성격을 탐색할 수 있고 불화를 일으키는 잠재적 원인들을 검토할 수 있다.[4] 또한 제작된 지도를 보면 주요 세력과 부수 세력을 알 수 있고 (적절한 상징을 사용해) 다양한 방식으로 그들 사이를 연결하고 있는 상호관계를 파악할 수 있다.

분석과 지도 제작은 각 정파들이 주선자가 마련한 워크숍에 참여하게 하는 실질적인 수단이 된다. 각 정파가 워크숍에 함께할 경우 그들은 자기 스스로에 대해 알게 될 뿐 아니라 다른 당사자들의 입장, 관점, 이해도 등을 더 자세히 배우게 된다. 각각의 다양한 집단은 스스로의 시각으로 분쟁에 관한 지도를 제작하는데, 이는 관련 당사자 모두와 각자가 가진 정보를 공유하고, 의견을 듣기 위해서다. 이를 통해 관련 당사자들의 이익을 고려한 해결책을 찾을 수 있다. 계속 각자의 입장만 고수하는 것이 아니라 거기서 필요한 것들을 추려 내는 데 있어서도 필수적이다.[5] 분석과 지도 제작은 당사자 모두에게 이익이 되고, 화해로 가는 길을 닦아 주는 더 큰 기회를 열어 준다. 여기서 분쟁은 질병의 증상이기 때문에 상처를 진단하고 치료하는 것이 목표가 된다.

다른 방법으로 '평가 질의' 방식이 있다. 이는 하나의 문제를 해결하는 데 노력을 경주하는 대신 창조적이고 긍정적인 차원에서 해결책을 찾아내는 방식이다.[6] 이보다 더 깊이 들어가면 사람들이 상황에 대해서 이야기를 하는 '건설적 이야기 나누기'가 있다. 이 것은 지역공동체 수준에서 평화를 구축하는 데 효과적인 방안이 될 수 있다. 이야기란 접근이 쉽고 포용적이기 때문이다.[7] 분쟁 지도 제작의 구성 요소나 평가 질의와 건설적 이야기 나누기의 여러 양상들은 그 이름들에 좀처럼 정이 가진 않아도 하나같이 좋은 생각인 데다 모두 다 사용이 가능한 것들이다. 핵심은 '모든 경우에 다 적합한 하나'의 접근 방법은 없다는 것이다.

지구적 분쟁

지구적 차원에서 분쟁의 역동성은 분쟁의 역사와 분쟁을 추동하는 세력의 맥락에서 살펴볼 수 있다.[8] 이를 위해선 다음 세 가지 기초적인 단계를 밟아야 한다.

1. 주권을 둘러싼 이슈를 바라보기
2. 다학문적 접근의 필요성과 다른 행위자들의 개입을 받아들이기
3. 유엔이라는 틀을 거쳐 활동하는 것이 중요한지 아닌지 생각해 보기[9]

평화 구축

보통 핵심이 되는 문제는 권력을 분점하겠다는 진실한 약속 위에 평화협정을 체결하는 것이다. 개인 사이의 분쟁이든 국가 사이에 발생한 위기든, 그 문제를 해결하는 데는 제삼자가 결정적인 역할을 할 수 있다. 제삼자가 개입하는 것은 새로운 관계를 조성하고 신뢰를 구축하며 화해를 위해 같이 일하는 데 촉매제가 될 수 있다. 제삼자는 손상된 관계를 복원하는 데 도움을 줄 수 있는데 합의가 이루어져 협정이 조인된 뒤라고 해도 상관이 없다. 제삼자는 뿌리 깊은 분쟁의 불씨를 다루면서 지속 가능한 결과를 얻기 위해 길을 닦는다. 일터에서 일어나는 분쟁에서든 평화 협상장 안에서든 제삼자는 당사자의 주장을 듣고 관점을 제시하며 용기를 주는 등 결정적인 역할을 한다. 예를 들어 노르웨이 정부는 스리랑카 정부와 〈타밀엘람해방호랑이〉 사이를 중재하기도 했다.

외부 중재의 이점은 싸우는 쪽에 계속 싸우는 것보다 훨씬 나은 여러 가지 선택지가 있다는 사실을 깨닫게 한다는 것이다. 이를 인정하는 것은 말처럼 쉽지 않다. 어쩌면 분쟁의 당사자들 스스로는 이미 알고 있으나 머뭇거리고 있는 것인지도 모른다. 싸움이 지속되면 실제 이득을 얻는 자는 누구인가? 평화가 타결되면 잃는 자는 누구인가? 우리는 반드시 이런 질문을 던져야 한다. 예를 들어, 파푸아뉴기니에는 한밤중에 수도에 나타나 테러를 일삼는 떼강도단 '라스콜'이 있는데, 라스콜을 지지하는 세력 중에는 부유한 시민들을 보호하는 사설 경비 업체도 포함된다. 결국 빈곤층만 이중으로 고통당하는 셈이다. 또 미국에서 금주법이 시행되었을 때의 상황과 마찬가지로 오늘날 '마약과의 전쟁'을 지지하는 거대한 세력은 마약 판매상이다. 마약이 합법화되면 가장 피해를 볼 사람이 바로 그들이기 때문이다.

제삼자 중재가 잘 이루어지려면 무엇보다도 적절한 환경이 조성되어야 한다. 모든 관련 단체가 반드시 참여해야 하고, 평화 조성 과정에 강제 없이 참여해야 한다. 이 경우 시간이 결정적인 요소가 된다. 중재자들은 싸움이 모든 힘을 다 소진한 지점에 도달했을 때, 혹은 자원이 모두 고갈되어 평화 협상을 시작하는 것이 싸움을 지속시켜야 하는 이유를 압도

● 금주법─미국에서 1920년에 발효되어 1933년까지 지속된 법으로, 전시 상황에서 식량을 절약하고 작업 능률을 향상시키려는 목적도 있었다. 그 내용은 알코올 음료 일체의 제조, 판매, 교환, 운송, 수출입을 금지하는 것이었다. 이 때문에 오히려 범죄율이 치솟았고, 밀조나 무허가 술집 등 불법이 횡행했으며 갱단이 활개쳤다. 옮긴이

● 레나모RENAMO─모잠비크 민족저항단. 신생 모잠비크 인민공화국이 백인 로디지아 정권의 전복을 꾀하는 흑인 게릴라를 지원하는 것을 저지하기 위해 1976년 백인 로디지아 장교들에 의해 결성됐다. 옮긴이

할 때 해결책을 찾을 기회가 '무르익었다고' 판단한다. 이 결정적인 시점에서 싸움의 당사자들은 그 싸움을 지지하는 나라 밖에 있는 사람들에게 많은 것을 의지할 수도 있다. 스리랑카 분쟁의 경우, 싸움의 당사자들이 죽음을 무릅쓸 필요가 없는 스리랑카 이산민들에게 의존한 적이 있었다.

모잠비크에서 반反정부 단체인 레나모 반군은 서로 어울리지 않는 여러 조직들의 지지를 받았다. 말하자면 인종주의자인 남아프리카공화국 정부, '공산주의'와 싸우는 미국의 종교 근본주의자, 모

● 트랙2second track―정부 간 협상 등의 공식적 외교 채널 말고 비공식적으로 이뤄지는 외교를 가리키기 위해 사용하는 표현으로 주로 민간이 개입한다. 현안 문제에 집중하는 공식적 외교에 비해, 미래 지향적인 대안을 논의할 때 좀 더 용이하다. 옮긴이

잠비크의 자원에 눈독을 들이는 약탈적인 상업 세력들이었다. 만약에 남아프리카공화국 정부가 어느 시점에서든 전쟁을 종식시킬 뜻을 가지고 있었더라면 그럴 수 있었을 것이다. 사실, 해결은 '트랙2' 외교 정책을 쓴 이탈리아의 한 종교 조직에 의해 성사되었다. (제4장 참고)▪

폭력적인 문화 바꾸기

폭력적인 문화에서 평화적인 문화로 이행하는 것은 단순히 협정 문서에 사인을 하는 것보다 힘든 일이다. 상황 전환을 위해 관련된 모든 세력이 집중적으로 노력을 쏟아 부어야 하기 때문이다. 앞에서 보았듯이, 그 저변에 깔린 원인들에 접근하기 전까지는 평화가 지속될 수 없다. 평화가 유지되기 위해서는 구조적, 문화적, 혹은 생태적 폭력을 발생시키는 현존하는 여러 상황과 행동이 반드시 변해야 한다. 행동보다 말이 더 쉬운 법이다. 비록 분쟁을 전환시키는 데 있어서 첫 걸음을 딛는 데 중재자가 중요한 역할을 할지라도 전쟁에서 평화로 옮겨 가기 위한 정치적이고 도덕적인 의지를 찾아내야 하는 것은 각 당사자와 그들이 속한 공동체다.

국가 사이에서나 전쟁 중인 집단 사이에서나 평화를 구축하기 위해 협정에 서약한 이후에는 정전을 유지하는 것이 중요하다. 이상적으로 보면, 정전이 체결되고 싸움이 멈추는 시점에서부터 평

화가 최고조로 구축되는 데까지 아무리 오래 걸리더라도 1년이 넘으면 안 된다. 이를 위해서는 좋은 리더십이 필요하고, 군대를 해산해야 하며, 안전이 보장되어야 하고, 불안한 시기를 겪고 있는 모든 사람들이 강한 책임감을 가져야 한다.

이러한 이행을 위해 평화를 구축하려는 쪽은 여러 정파들 사이에 신뢰를 새롭게 쌓는 데 집중할 필요가 있다. 신뢰는 서로 공유할 수 있는 이익 위에서 무언가를 성취하는 가운데 구축할 수

▪ 깊이 읽기

중재와 신뢰, 돈을 통해 평화를 얻은 모잠비크

1992년, 30년 동안의 싸움이 끝난 뒤 모잠비크에 최종적으로 평화가 온 것은 냉전이 해빙기를 맞이하고 남아프리카공화국에서도 아파르트헤이트가 종식된 덕분이었다. 이러한 변화들로 외부에서 들어오는 [분쟁 지원] 자금을 막을 수 있었지만, 내전은 워낙 극심한 분열이 원인이 되어 발생한 것이었기 때문에 평화를 찾기까지는 막막해 보였다.

협상을 거부하던 양측을 한 자리에 불러 모을 수 있는 것은 중립적 위치에 있는 신뢰할 만한 민간인들뿐이었다. 열두 차례에 걸쳐 진행된 협상에서 평화가 마침내 정착될 것이며 유엔이 들어와 민주주의 선거를 감독할 것이라는 확신이 서기까지는 끈질긴 지원이 필요했다. 로마에 있는 성 에지디오 가톨릭 평신도회가 힘을 보탰고, 이탈리아 정부와 기업인 〈론호Lonrho〉를 포함한 몇몇 지지자들의 원조금도 있었다. 전쟁 당사자인 양 쪽은 아직도 서로를 적대시하지만 조금씩 같은 동포로 서로를 인식하고 있다. 우리는 이를 통해 아무리 적대심이 크다고 할지라도 시간과 장소가 주어지면 정치적인 해결이 가능하다는 점을 다른 아프리카 내전에 적용할 교훈으로 삼을 수 있다.

있다. 이와 동시에 다시는 싸움이 발발하지 않는다는 확신을 심어
줘야 한다.

평화협정이나 정전은 깨지기 쉽다. 불꽃이 하나만 있어도 분
쟁은 다시 불붙기 쉽고, 그 동안의 모든 과정이 수포로 돌아갈 수
있다. 아무리 사소한 정파라도 불안정한 분위기를 만들 수 있고 거
기에서 다시 싸움이 벌어지는 방아쇠가 당겨질 수 있다. 심지어는
이런 일이 적대적인 소문 하나 때문에 일어나는 수도 있다. 1994년
과 1995년에 걸쳐 가나에서 일어난 내전이 좋은 예다. 이 전쟁은
'기니아 닭 전쟁'이라고 불렸는데 이 전쟁의 즉각적인 원인이 다름
아닌 지역 시장에서 닭 가격을 서로 합의하지 못한 것에 있었기 때
문이다.

이처럼 휘발성이 강한 환경에서는 폭력 발발을 사전에 막기 위
한 외부 개입이 필요할지도 모른다. 다시 한 번 말하건대, 평화를
구축하려는 쪽은 평화를 지키고 더 강한 관계들을 형성하기 위해
공동체와 함께 일을 도모해야만 한다.[10]

평화를 위해 여성이 싸우다

여성들도 남성만큼 공격적일 수 있지만 보통 전쟁을 벌이기
보다 평화를 지키는 데 더 큰 역할을 한다. 여성들은 많은 상황에
서 평화 구축 절차 안으로 새로운 요소들을 가져 올 수 있다.[11] 예
를 들어 부갱빌의 경우, 여성들이 '정의 회복'을 주장하며 공동체
의 신뢰를 구축한 바 있는데, 범법자를 처벌하는 대신 해악을 끼

치는 행위를 교정하고, 그래서 공동체에 균형을 회복시키는 일을 추진했다. 〈평화와자유를위한부갱빌여성회(Bougainville Women for Peace and Freedom, BWPF)〉의 조시 카워나 시리비Jossie Kauona Sirivi 는 다음과 같이 말했다.

"평화 구축에는 전쟁을 조장하고 부추겼다고 알려진 사람들도 반드시 포함시켜야 한다."

BWPF가 직면한 도전 가운데 하나는 이전에 전사였다가 사회 안으로 돌아온 사람들을 돕는 일이었다. 그중에는 심지어 자기 마을에서 민간인을 살해했던 사람들도 있었다.[12] 여성들은 실제로 숲 속에 '여성만 사는' 마을을 세웠고, 혼란스런 상태에서 싸움터에서 돌아온 가장들이 일삼는 학대로부터 아이들과 자신을 지킬 수 있었다.

두말할 것도 없이 서양 군인들만 심리적 트라우마를 앓는 건 아니다. 솔로몬제도에서는 여성들이 어머니라는 이름 하나로 뭉쳐 바리케이드까지 치고 내려가 젊은 민병대원들과 담판을 짓고 그들을 설득하여 집으로 돌려보내기도 했다. 여성 '평화 감시자' 몇 명은 민간 폭력 사태가 벌어진 덕에 비로소 처음으로 자기들이 공동체 운영과 관련해 발언할 기회를 가질 수 있었다고 했다. 이 여성들은 분쟁 덕에 자신들의 삶이 개선되었다고 말한다. 그 공동체에서 여성들을 위한 정상적인 삶이란 어떤 것이었는지 알 수 있는 대목이다. 솔로몬제도의 교회 지도자들은 전통적으로 남성이었지만, 지역 평화를 실천하기 위해 오스트레일리아 출신들이 이끄는 선교회가 구축한 지역 평화 감시 체제는 감시 활동을 위해 철저한

부룬디가 준 교훈

르완다의 이웃 나라 부룬디에서는 또 하나의 학살이 서서히 진행되고 있었다. 전 인구의 14퍼센트를 차지하는 투치족은 군대와 관료를 통제함으로써 전체를 지배해 왔다. 85퍼센트의 후투족은 오랫동안 차별을 당해 왔다. 처음으로 민주적인 선거를 통해 후투족 출신 멜치오르 은다다예Melchior Ndadaye가 대통령으로 선출됐지만 1993년 투치족 과격파에 의해 암살당하게 된다. 그 이후 싸움이 불붙었고, 전체 680만 인구 가운데 30만 명이 죽고, 130만 명이 집을 잃고 떠돌게 되었다. 때때로 일어난 우발적 공격 때문에 매월 2만 5천 명에서 5만 명에 이르는 유민이 발생했다. 난민이 된 80만 명의 사람들 대부분은 탄자니아에 머물고 있다. 상황의 심각성은 국경을 넘어 널리 알려졌고 그 결과 넬슨 만델라를 포함해 아프리카 각 나라의 전·현직 대통령과 국제기구, 다른 여러 나라의 정부와 비정부기구들이 개입하여 분쟁의 확산을 막기 위해 애썼다.

부룬디가 준 교훈은 다음과 같다.

1. 설사 정당이 15개라도 가능한 모든 사람이 모든 협상에 임해야 한다.(다행히도 모든 사람이 국어인 룬디어를 구사했다.)
2. 지역 차원의 개입은 대단히 중요하지만 항상 효과적인 것은 아니다.
3. 부룬디인 가운데 상당수의 사람들이 전쟁 상황을 받아들이고, 상대방의 죽음을 동료 종족 집단 구성원의 죽음과 동일한 도덕적 무게로 다루거나 중요하게 간주하지 않았다.
4. 르완다에서처럼 기독교는 자기 신자들이 행사하는 폭력을 억제하는 역할을 거의 하지 못했다.(부룬디인의 67퍼센트는 기독교인이고, 그 가운데 62퍼센트가 로마 가톨릭 신자다.)
5. 양쪽 종족 집단 출신의 어린이들과 함께 일하는 이상주의적인 비정부기구 활동가들은 아이들의 부모가 서로를 적대하더라도 그로부터 영향을 받지 않았다.('축구 교실'을 예로 들 수 있다.)
6. 종족 간 결혼을 한 부부와 그 자녀들의 삶은 특별히 더 힘들었다.

7. 인구의 1퍼센트밖에 되지 않는 트와족(피그미족)은 논외로 치고, 아직까지는 그 누구도 두 주요 종족 집단 모두가 이기는 '윈-윈 전략'을 만드는 데 성공하지 못했다.
8. 화해나 평화 구축 실현을 평가하는 유일하게 진정성 있는 방법은 평화를 지속적으로 유지하는 길밖에 없다. 또 다시 싸움이 터지면, 교과서나 비정부기구 활동 보고서에서 뭐라고 말하든, 완전히 실패한 것이다.
9. 전문가들도 가끔은 자신들이 일어났으면 하고 바라는 것, 말하자면 종족 구분이 희미해지는 일이 실제로 일어나고 있다고 믿는 실수를 저지르곤 한다.

양성 평등을 실천했다. 한 사람의 활동가가 남성이면 반드시 또 한 사람은 여성이 되도록 하여 한 쌍을 만들어 각 마을을 돌아다니면서 상담을 하게 했다.

분쟁에 관한 많은 책과 보고서는 눈 깜짝할 사이에 케케묵은 구식이 되어 버린다. 성공적인 평화 구축에 대한 이야기들은 어느새 새로 생긴 폭력에 의해 침식되어 버리기 때문이다. 그렇지만 부룬디의 상황은 성공을 가져 오는 건 용기라는 점을 확실하게 보여 주는 좋은 예다.[13] 유능한 협상가와 중재자는 세상을 현실적으로 보되 낙관적이 될 필요가 있다.[14]

부갱빌의 평화 전도사

분쟁을 종식시키려는 부갱빌 여성들의 노력은 지역과 국가 수준에서 다양하게 전개되었다. 여성들은 자신이 속한 공동체에 평화를 정착시키기 위해 가족 내에서 자신의 지위를 적극 활용했으며 전쟁 중인 집단 사이에 들어가 건설적인 대화를 유도하는 데 자신들의 영향력을 이용했다. 여성들은 아들들을 집으로 데려오기 위해 덤불에 들어가는 위험도 마다하지 않았고, 특히 부갱빌 남부 지역과 남서부 지역의 여성들은 지역의 〈부갱빌혁명군(BRA)〉과 협상하기 위해 정글에 숨어 들어가기도 했다.

〈카톨릭여성회Catholic Women's Association〉나 〈부갱빌지역통합개발Bougainville Community Integrated Development Agency〉 같은 단체는 정부군이나 〈부갱빌혁명군〉이 점령한 지역에 음식과 옷, 그리고 의약품을 전달하는 인도주의 네트워크를 만들어 운영했다. 네트워크의 활동은 비밀리에 진행됐으며 부갱빌에서 거의 유일한 긴급 구조 체계로 작동했다. 분쟁 상황이 느슨해지면서 이들 단체는 개발과 평화 정착 활동의 중추로 기능하게 된다.

여성 조직과 개별 여성 리더들은 정치 영역에서도 중요한 영향력을 행사했다. 그들은 기도 모임, 화해 행사, 평화 행진 등을 주관했으며 호주나 뉴질랜드에 있는 여성들과 접촉해 국제 공동체에 고통 받고 있는 부갱빌 국민의 상황을 알리는 데도 큰 역할을 수행했다. 옮긴이

▶출처— Lorraine Garasu, "Weaving consensus: The Papua New Guinea - Bougainville peace process", BICWF Forum for Peace Workshop, 1996.

2 분리에서 전쟁까지

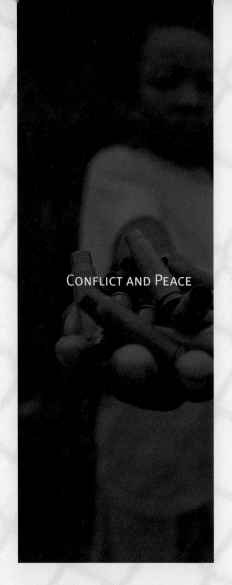

CONFLICT AND PEACE

분쟁은 왜 발생할까? 인간의 본능 때문인가?
전쟁과 가부장제, 그리고 징병제는 서로 어떤 연관
이 있을까?
국제사회가 분쟁에 조기 개입하지 못하는 이유는
무엇인가?

02

분리에서 전쟁까지

이 장에서 우리는 인간 심리학과 동물 연구를 통해 전쟁과 민간 분규를 해결하는 방법을 알아보고자 한다.

사람을 대할 때는 친절하고 온화하게 하라

연설을 할 때는, 진실되게 하라

사업을 할 때는, 정당하게 하라

행동을 할 때는, 시기를 놓치지 마라

싸우지 말고, 비난하지 마라

—『도덕경』

지금까지 살펴보았듯이 충돌이 반드시 부정적인 것만은 아니다.[1] 중요한 것은 우리가 위기에 어떻게 대처하는가다. 분쟁을 기회로 삼는다면 생각지도 못했던 새로운 국면이 열리거나 해법이 나올 수도 있다. 분쟁에 있어서 사람들 사이의 차이를 조율하다 보면 관계가 더 깊고 강해질 수 있다. 이는 다음에 올지도 모를 파열에도 신속하고 협력적으로 대응할 수 있게 한다. 우리가 마주하는 분쟁을 유형화하면 개인 사이의 분쟁, 집단 사이의 분쟁, 나라 안 분쟁, 나라 사이의 분쟁으로 나뉜다. 여기에서 각각의 공통 요소들을 추려 보자.

개인 사이의 분쟁은 주로 가족, 친구, 그리고 동료 사이에서 일어난다. 집단 사이의 분쟁은 국가 차원이나 지역 차원에서 모두 일어나는데 주로 고용주와 고용인 사이, 직업 집단 사이, 이익 집단과 정부 사이에서 일어난다. 오늘날 세계에서 일어나는 불화는 주로 서로 다른 종교나 도덕 혹은 인종 집단 사이에서 일어나는 경우가 많다. 이러한 분쟁이 선을 넘어 시민 불복종에서 노골적인 싸움으로 발전하게 되면 1969년 북아일랜드에서처럼 내전이 발발할 수도 있다. ▪

●시민 **불복종**Civil disobedience
─헨리 데이비드 소로우Henry David Thoreau가 제안한 개념으로 시민들이 실정법을 고의로 위반하는 등의 비폭력적인 방식으로 점령국에 대항하거나 법률이나 정부 정책의 변화를 요구하는 소극적인 저항을 말한다. 옮긴이

안타깝게도, 냉전 후 세계에서 주권국 내부의 분쟁은 보편적인 현상이 되었다. 소말리아, 시에라리온, 르완다, 콩고, 그리고 유고슬라비아 등이 그 대표적인 예다. 스리랑카, 수단, 그리고 이스라엘과 팔레스타인 사이의 분쟁도 마찬가지다. 오사마 빈 라덴의 〈알카에다〉 네트워크가 강대국에 가한 공격으로 세계가 안전하다고 믿던 많은 이들이 분쟁을 새롭게 인식하게 됐다. 하지만 그렇다고 하더라도 이라크 전쟁이라는 예외적인 사건을 제외하고는 국가 사이의 전쟁은 드물었다.

다툼의 해결

협상, 중재 그리고 조정은 개인이나 국가 사이의 싸움을 잠재우는 가장 일반적인 방법이다.

▪ 깊이 읽기

아일랜드 독립 투쟁과 북아일랜드의 종교 갈등

전통적으로 구교도들이 살고 있던 아일랜드에 신교도가 대거 유입되기 시작한 것은 17세기 무렵부터였다. 영국이 식민화 정책의 일환으로 잉글랜드와 스코틀랜드에서 이주해 온 신교도들을 아일랜드에 정착시킨 것이다. 자연스럽게 구교도와 신교도 사이의 갈등은 종교를 넘어 민족적 독립 투쟁의 색채를 띠게 되었다.

영국의 점령으로 정치적으로나 종교적으로 탄압받게 된 구교도는 아일랜드의 독립을 요구하는 〈아일랜드공화국군(Irish Republican Army, IRA)〉을 탄생시켰고, 독립을 위한 무장 투쟁을 전개한다. 1922년 치열한 독립 투쟁과 정치적 합의의 결과 아일랜드가 영국으로부터 독립하게 된다. 그러나 신교도가 많이 모여 살던 얼스터 지방의 북아일랜드는 영국령으로 남아 분쟁의 불씨는 고립된 북아일랜드에 고스란히 남는다.

날로 더해가는 갈등 속에서 1972년 1월 31일, 훗날 '피의 일요일'로 불리는 참극이 일어난다. 데리 시에서 비폭력 평화 행진을 벌이던 구교도들을 향해 공수부대가 총을 쏘기 시작한 것이다. 이 사건으로 열네 명이 사망하고 수십 명이 중상을 입었다. 극단으로 치달은 갈등은 1997년 〈아일랜드공화국군〉이 휴전을 선언하고 1998년 부활절 무렵 구교도 신페인당과 신교도 얼스터 연합당 사이에 "굿프라이데이 협정"이 맺어지면서 큰 고비를 넘기게 된다. 옮긴이

1. 협상: 협상할 때 국가 차원의 싸움을 다루는 가장 보편적인 방법은 두 집단이 그들 사이의 어려움을 해결하기 위해 함께 협력하는 것이다.

2. 조정: 관련자들 사이에 협상이 잘 이루어지지 않아 성공적인 결과를 얻기 힘들 때 외부의 참여가 필요하다. 조정자는 두 집단이 협상을 계속할 수 있도록 자리를 제공하는 역할만을 한다. 유엔 사무총장이 주로 그런 역할을 맡는다. 분쟁 중인 집단들에 '조정안'을 제시하는 것이다. 어떤 중재자들은 잠재적 해결책을 제시하는 등, 더 적극적인 역할을 하기도 한다.

3. 중재: 중재자는 구속력 있는 결정을 내릴 권한이 있다. 실제로 결정을 이행하게 할 수도 있지만 종종 법률과 관련된 면에만 초점을 맞추고, 집단 사이의 관계의 질에 대해서는 별로 고려하지 않는 경향이 있다. 일단 한 번 결정이 내려지면 당사자들이 적의 없이 그 결정을 이행할 준비가 되어 있다는 조건하에서만 중재가 기능할 수 있다.

하나의 힘

개인적 분쟁은 개인이 얼마나 알고 있는지, 개인이 자신의 행동을 얼마나 책임지는지, 그리고 그것이 자신과 다른 이들에게 어떤 효과를 미치는지와 관련이 있다. 적대감은 둘 혹은 그 이상의 사람들과 관계될 때가 많다. 반면에 다툼의 해결은 평화로운 합의를 통해 한 발짝 내딛을 수 있는 **단 한 사람**만을 필요로 한다. 마하트마

중재자의 역할

누군가에게 지미 카터 전 미국 대통령은 별다른 깊은 인상을 남기지 못한 대통령일 것이다. 그렇지만 카터는 1945년 이래로 전쟁을 치르는 데 병력을 쏟지 않은 유일한 대통령이었다. 바로 이 점에서 다른 대통령들과는 달랐다. 그는 국제 중재자로서 틀림없이 최고의 대통령이었다. 카터가 누구고, 어디서 오는지는 누구나 다 알았지만, 그가 당대의 미국 정책을 대변한다고 보는 사람은 없었다. 카터는 자신이 마주할 지도자의 심리적 특징까지도 모두 사전에 파악했다.

1990년 니카라과에서 중재자로서 카터는 가장 큰 성공을 맛본다. 카터는 산디니스타 대통령 다니엘 오르테가Daniel Ortega를 설득해 선거의 실패를 받아들이고 평화적으로 권좌에서 물러나게 하는 데 성공했다. 카터 자신이 1980년 재선에 실패한 경험을 오르테가에게 들려 준 것이다.

또한 카터는 아이티, 파나마, 그리고 북한과 관련된 협상에서도 성공적인 중재자 역할을 해냈으며 일관되게 미국의 이라크 전쟁을 반대했다.

▶출처—*Political Science Quarterly* Fall 1998.

간디가 이런 말을 했다. "무엇이든 당신이 한 행동은 사소하게 보일 수 있지만, 당신이 했다는 것이 가장 중요한 것이다." 하지만 우리는 이런 메시지를 언론을 통해 알게 되는 것은 아니다. 날마다 일어나는 분쟁은 누가 아이들을 학교에 데려다 줄 것인지를 가지고 다투고, 중고차 가격을 가지고 다투고, 맨날 짖는 개 때문에 이웃 간에 다투는 것만큼 사소한 일이다.

분쟁은 '일방적', '쌍방적' 혹은 '다각적'일 수 있다. 명백한 이유 없이 계산서를 지불하는 것을 거부하는 소비자는 장사하는 사람들을 일방적으로 분쟁에 몰아넣는다. 배관공의 청구서를 배수관이 작동하지 않는다는 이유로 거부하는 고객은 배관공에게 쌍방의 분쟁을 만들어 낸다. 쌍방의 분쟁은 종종 두 집단이 동시에 같은 이익을 얻고자 하거나 특정 상황의 과정이나 결과에 동의하지 않을 때 일어난다. 이와는 대조적으로 운전자, 자동차에 같이 타다 다친 승객, 그리고 운전자에 의해 부상을 입은 보행자가 관련된 자동차 사고는 다각적 분쟁이라 할 수 있다.

다툼에 많은 집단이 관련될수록 합의는 더 복합적이 되고 복잡해질 수 있다. 분쟁은 관련된 사람들의 수나 그 구조에 의해 규정되곤 한다. '구조적 다툼'은 개인 당사자보다는 상황이 야기한 문제를 의미한다. 만약 기차가 형편없는 시간표 때문에 항상 늦는다면 그 문제는 기차 운전수보다는 시간표에 더 잘못이 있다는 것이다.

사람들은 불화를 키우거나 반응할 때 각자의 성격에 따라 특정한 역할을 맡게 된다. 예를 들어, 공격자와 방어자, 조정자, 회피자, 벼랑 끝 전술가 등이 될 수 있다. 대부분의 경우 사람들은 자신이 어떤 범주에 속하는지 혹은 자신이 어떤 범주에서 다른 범주로 이동하는지를 알 수 있다. 성차가 분쟁의 형식에 얼마나 영향을 미치는지와 관련해 논의를 확장할 수도 있겠다.[2]

많은 사람들이 이기고자 하는 욕심을 비난하는 게 사실이다. "내가 정한 금액에 팔겠다고만 하면 당신의 차를 사겠다." "당신이 제시한 가격의 두 배가 아니면 차를 팔지 않겠다." 이러한 '이기고 지는' 접근, 혹은 '제로섬 게임'은 타협이나 협조를 해야 하는 필요성을 약화시킨다. 재정적인 거래에 있어서는 '차이를 분리'하여 합의에 도달하는 것이 가능하다.

이데올로기적인 분쟁이나 윤리적인 분쟁에서는 차이를 분리하는 것이 힘들기 때문에 상황을 해결하기가 훨씬 어렵다. 오직 스스로 이기고 지는 상황에 끌려 들어가지 않을 때만 논쟁을 중단할 수 있다. 상대방이 틀렸다고 증명하려 하는 것은 자신을 우세한 입장에 두려는 또 다른 방법인데, 이는 성공적인 결과가 도출되는 것을 막는다. 이러한 태도는 '아힌사ahimsa'와는 아주 대조적이다. '아힌사'는 영국의 제국주의 통치에 저항하기 위해 간디가 택했던 방식으로, 비폭력을 뜻하는 인도어다. 포괄적으로 보자면 '아힌사'는 생각, 말, 또는 행동을 통해 상대에게 고통이나 피해를 입히는 것을 피하라고 가르친다.[3] 이 교의는 '이기고-지는 것'에서 '이기고-이기는 것'으로의 태도 변화를 요구한다. 적대적인 입장으로부터 절충안을 발견하려는 자세로 전환하라는 것이다.

당신이 그렇게 말했다

　분쟁을 해결하고자 할 때 사람들은 서로를 비판하는 방식으로 의사소통한다. 종종 우리는 다른 사람에게 미칠 영향을 고려하지 않고 말하곤 한다. 소통 장애는 문화나 교육적 배경 혹은 언어를 공유하지 않는 사람들 사이에서 일어나기도 하지만 같은 언어를 공유한다는 **바로 그 이유 때문**에 발생하기도 한다. 서로를 이해할 것이라고 가정하기 때문이다. 얼굴을 대면하는 협상에서는 몸짓, 표정, 그리고 목소리의 높낮이를 통해 협상이 잘 되고 있는지 아니면 그 반대인지를 알아차릴 수 있다.

　서로 대립하지 않는 방식으로 소통하면 우선 적개심을 막는 데 도움이 된다. 우리 스스로가 의식적으로 '적'의 입장에서 생각하는 것은 쉽지 않지만 타인의 존재는 물론이고 그들의 감정이나 그들이 필요로 하는 것을 존중해야 비로소 화해가 시작될 수 있다. 그래야 최소한 서로 자신의 감정을 토로할 수 있는 협상의 길이 열릴 것이다. 하지만 적대감을 극복하고 상대방을 존중하는 것은 쉽지 않다. 사람들 혹은 집단들의 생각이 "그들은 우리의 아들들을 죽였다"에서 "우리는 아들들을 잃어버려 슬프다. 그들도 그들의 아들들을 잃어버려 슬퍼한다. 더 이상의 죽음이 있어서는 안 된다"로 바뀌어야 한다. 전 이스라엘 수상 골다 메이어Golda Meir는 이집트의 사다트Sadat 대통령에게 "우리는 당신들이 우리의 자식들을 죽인 것은 용서할 수 있다. 하지만 우리로 하여금 당신들의 자식들을 죽이게 만드는 것은 절대 용서할 수 없다"라고 말했다.

분쟁의 나무

다툼에 연루된 사람들과 대화할 때는 다음의 나무 그림이 도움이 된다. 집단 안에서 참여자들은 세 가지 사항을 확인하게 된다.
- 현재의 분쟁 뒤에 놓인 핵심 문제
- 주요 근본 원인
- 이 문제 때문에 생겨날 주된 결과

효과:

기아
전쟁
폭력
빈곤
무기
불일치
정치 불안
경쟁

핵심 문제:
민주주의의 결여

근본 원인:
정치적 의지 결여
법의 형태
외부 영향
식민주의
종교적 차이

사람들은 적이 필요하다

1980년대에 정신과 의사이자 〈정신과인간상호작용연구소 Center for the Study of Mind and Human Interaction〉를 설립하고 민간 외교관을 지냈던 바믹 볼칸Vamik Volkan은 우리 스스로의 정체성을 인지하고 감정적인 균형을 유지하기 위해 적이 필요하다고 처음으로 주장했다. 볼칸은 우리와 다른 존재인 '타자The Other'를 정의하고 파악하기 위해 '다름otherness'이라는 개념을 강조하기도 했다. 그래서 세계를 여러 개의 다른 집단으로 나누었다. 우리가 속하는 집단은 '우리'라는 것이고 다른 집단은 '그들'이라는 것이다.[4] 개인이나 사회가 마주하는 환경이 어려워질수록 사람들은 책임을 탓할 적을 찾을 필요성을 더 느낀다. 동시에 '부자'나 '테러리스트'라는 식으로 다른 집단을 악마화하는 카리스마적 지도자를 따르기 쉽다. 〈정신과인간상호작용연구소〉는 이 이론이 "인종적 긴장이 폭력적인 갈등으로 치닫는 것을 방지하는, 잠재적으로 적대적이 될 수 있는 집단들에게 놓는 예방주사"의 역할을 해 주길 바랐다. 지금껏 그와 같은 작업은 애초에 이 이론이 관심을 두고 있었던 아랍과 이스라엘 사이의 관계에서보다 에스토니아에서 더 성공적이었다. 에스토니아에서는 에스토니아 사람들과 러시아 사람들 사이에 종족적 분열이 존재했다. 러시아인은 인구의 3분의 1을 차지하면서 '둥지 안

●에스토니아Estonia─에스토니아 공화국은 소비에트연방의 해체와 함께 독립했다. 러시아와 국경을 마주하고 긴장 관계에 있으며 2004년 5월 유럽연합에 가입했다. 옮긴이

뻐꾸기' 취급을 받았는데, 이 문제를 해소하는 데 이 이론이 도움을 준 것이다.

심리적 통찰을 국제 문제에 적용하면서 나타난 문제 하나는 연구가 서구적인 것에만 초점을 맞추어 진행된다는 것이다. 거의 대부분의 사회과학적 연구는 미국 대학생들의 표본에 기초하고 있다. 그 예시를 하나만 들어 보자면 다음과 같다. 연구 결과 미국에서는 거주지의 과밀화가 분쟁을 일으킨다고 밝혀졌으나, 네덜란드의 문화에서는 원만히 해결되었다. 그러나 방글라데시나 인도네시아의 경우에는 연구가 거의 진행되지 않았다.[5]

우리를 방어하기

관계가 적대적이 될 때는 심리적 방어가 작동한다. 싸움에서 우리는 보통 '부인否認'과 '투사投射'라는 두 가지의 방어 기제를 보게 된다. '부인'이라는 것은 삶을 덜 불행하게 만들고자 하는 생각에 "이 일은 일어나지 않았어" 하고 말하는 것이다. 그 안에는 '타자'가 우리와 가치와 이상을 공유하길 바라고 그 타자들이 우리와 똑같아지기를 소망하는 것도 포함된다. 주로 연인 관계에서 많이 발견된다. 만약에 우리의 상대가 우리가 보는 방식대로 세상을 보지 않거나 보지 않을 것 같다면 우리는 이를 견디지 못할 것이고 여기에서 두 번째 방어 기제인 '투사'로 넘어가게 된다.

모든 개인이나 시민 혹은 국가 집단은 투사를 사용한다. 사람들은 보통 개인이 원하지 않는 생각, 동기, 욕망, 그리고 감정을 다른 사람에게 투사하곤 한다. 때로는 동물이나 움직이지 않는 물체가 대상이 될 때도 있다. 아이가 자신이 부딪힌 '못된' 책상을 발로 걷어차는 따위의 행동을 가리키기도 하는데, "이건 내 잘못이 아니라 저것 잘못이야"라며 자신의 불쾌감을 움직이지 않는 책상에게 투사하는 것이다.

정신분석가들의 의견에 따르면 우리는 스스로의 결점을 항상 이웃이나 다른 집단 탓으로 돌리는 경향이 있다고 한다.[6] 투사가 부인과 연결될 때 분쟁의 모든 국면은 비타협적인 모습을 띠게 된다. 그렇게 될 경우 오로지 가능한 결과는 그 누구도 결과에 있어서 만족하지 못하는 '지고-지는' 것이나 '이기고-지는' 것이 된다. 사람들이 논쟁에 책임감을 가지도록 공감할 거리를 제공하는 것은 매우 중요한 일이다. 공감을 통해 사람들은 투사를 거두거나 의미 있는 대화를 할 수 있는 기회를 얻는다.

개인의 심리와 폭력 사이의 고리를 보는 하나의 방식은 분쟁을 개인의 기본적 욕구가 해결되지 않아서 발생한 결과로 보는 것이다.

대중의 심리적 믿음 가운데 분쟁을 해결할 때 가장 도움이 되지 않는 것이 있다. 그것은 인간이 선천적으로 폭력적이고 그 때문에 싸움이 일어나는 건 자연스러운 일이며 이미 예정된 일이라고 생각하는 것이다. 〈유네스코〉가 비준한 "폭력에 관한 세비야 선언"은 이 폭력 유전자를 가장 잘 설명하고 있다. ■

〈세비야그룹Seville Group〉은 인간이 개나 새 같은 다른 종들처럼 폭력성을 타고 났다면 우리는 지금보다 훨씬 더 폭력적일 것이라고 했다. 인간과 영장류의 유사점을 언급할 때 흔히들 저지르는 실수는 지도자의 '지배력'에는 강제력과 물리력뿐만 아니라 사회적 결속과 연대도 포함된다는 점을 놓치는 데서 발생한다.

초창기에 인간과 동물의 공격성을 둘러싼 많은 생각들은 개별

▪ 깊이 읽기

폭력적인 본성?

"폭력에 관한 세비야 선언"은 다음과 같은 주장이 과학적으로 부정확하다고 선언한다.

1. 우리는 동물 조상에게서 전쟁을 하는 경향성을 물려받았다.
   (다양한 동물 종들 사이에서 싸움이 일어나긴 하지만 살아 있는 생물들 중 조직화된 집단들 사이, 같은 종 안에서 파괴적인 싸움이 일어나는 사례는 거의 보고된 바가 없다.)
2. 전쟁이나 폭력 행위는 유전적으로 인간 본성에 프로그램화되어 있다.
   (아주 드문 병리학적 경우를 제외하고는 유전자가 개인에게 폭력을 행사하게 하지는 않는다.)
3. 인간 진화의 과정에서 다른 종류의 행동보다도 공격적인 행동이 선택되는 과정이 있었다.
4. 인간은 '폭력적인 뇌'를 가지고 있다.
   (우리의 행동은 우리가 어떤 상황에서 어떻게 사회화되었는지에 따라 결정된다. 우리의 신경 생리 작용이 우리를 폭력적으로 행동하게 만드는 것은 아니다.)
5. 전쟁은 '본능'이나 다른 어떤 한 가지의 동기 때문에 일어나는 것이다.

기억하라. 전쟁을 만들어 낸 종은 마찬가지로 평화를 만들어 낼 수도 있다. 책임은 우리 각자에게 있다.

적인 모델에 토대를 두고 있었다. 오늘날 인간과 대부분의 포유류는 날 때부터 사회적 생물체이며 따라서 그들의 행동은 사회 집단의 일원으로 그 행동이 어떤 이익을 가져다주는지에 대한 판단에서 나오는 것으로 알려져 있다.

예를 들어 침팬지는 분쟁 상황이 끝나면 그 즉시 상대방과 우호적으로 재결합하는 화해를 행한다. 여기에서 암컷 침팬지 연장자가 중재자 역할을 한다. 그러한 행태를 통해 아주 의미 있는 전략적 관계가 유지된다. 이러한 영장류의 행태와 여러 세기 동안 경제적 연대를 구축하기 위해 **유럽공동체**를 건설하려 했던 유럽 국가의 행태 사이에는 비슷한 평행선이 그려진다.[7]

●**유럽공동체**European Community
―유럽연합으로 발전하기 전 존재했던 유럽 국가 간 공동체로 유럽경제공동체(EEC),유럽석탄철강공동체(ECSC), 유럽원자력공동체(Euratom)를 아우르면서 1967년 출범했다. 옮긴이

왜 동물의 폭력성에 이렇게 많이 주목하는가? 평화로운 동물들은 너무 지루한가? 사실 서로 협력하는 소들에 대해서 연구하고 싶은 사람은 없을 것이다.

만약 폭력성이 인간에게 내재된 속성이라면 왜 우리 모두가 폭력적인 것은 아닌지에 대해서도 그 이유를 물어야 한다. 그리고 왜 어떤 사회는 다른 사회보다 덜 폭력적이고, 왜 세계의 모든 지역이 상대적으로 평화스러운 시기 뒤에 더 크고 심각한 분쟁을 겪는지에 대해서도 질문을 던져야 한다.

조정 규칙에 제시된 지침은 이혼을 조정하는 전문가들로부터

나온 것이지만 국가 간의 중재에도 잘 적용된다. 이를 보면 고작
두 사람이 헤어지는 문제에 있어서도 합의를 보는 데 상당한 시간

▪ 깊이 읽기

조정 규칙

성공적인 조정을 위해 필요한 몇 가지 핵심 사항은 다음과 같다.

두 가지 핵심 법칙
- 한 번에 한 사람씩 말하기
- 욕하지 않기

기본 과정
- 각 집단은 원한다면 짧은 모두 변론을 해도 좋다.
- 합의에 도달하기 위해서 해결되어야만 하는 주제 목록을 브레인스토밍
  하라.
- 공동의 문제에 대해 어떻게 토론할지 규칙을 정하라.
- 각각의 문제에 대해 동의가 이루어지는 즉시 적어라.
- 더 이상 논의할 게 없을 때 다음 문제로 넘어가라.
- 결정을 내리기 전, 더 많은 정보가 필요하다면 '해야 할 목록' 초안을 만들
  어라.
- 조정자는 협정에 대한 대강의 틀을 잡고 다음 조정까지 무엇을 준비해야
  할지 밑그림을 그려라.
- 다음 조정 일정을 잡아라.

조정 스타일
- 융통성 있고 수월한 스타일
- 해결 지향적이고 현실에 기반을 둔 스타일
- 직접적이고 탐구적인 스타일

이 걸린다는 것을 알 수 있다. 그러니 훨씬 더 복잡한 국제 평화는 두말할 필요가 없다.

성공적인 결과

1945년에서 1995년 사이에 국제적으로 종족 분쟁이 131번이나 일어났다. 그 결과 적어도 1,741번의 중재, 614번의 협상, 9번의 조정, 그리고 83번에 걸친 국제기구나 다자간 회담이 있었다. 이중에서 42퍼센트는 적어도 일정 기간 동안에는 성공적이었다. 여기서 성공이라 함은 정전을 이뤘다거나 부분적이거나 완전한 분쟁의 종식을 달성했다는 엄격한 평가를 마쳤다는 뜻이다.[8] 성공률은 누가 중재를 담당했는지, 즉 개인인지, 국제기구인지, 비정부기구인지 등에 따라 달리 영향을 받지 않는 것으로 나타났다. 분쟁의 기간도 별다른 영향을 끼치지 못했다. 폭력이 시작되기 전에 중재를 시작한 경우나 비밀리에 진행된 중재는 그 예를 찾기 어려워 이 연구에서는 다루지 않았다. 사람들은 중재를 빨리 하면 할수록 더 좋을 것이라고 생각할지 모르겠지만 반드시 그렇지만은 않다. 중재는 현상 유지를 선호하는 편이라서 유고슬라비아 내전에서처럼 한쪽이 침공하여 영토를 병합했다면 침공한 쪽에 이익이 돌아갈 수도 있다. ▪

어떤 사람들은 최근 유엔이 1990년대 초반에 비해 분쟁 조정에서 성공을 거두지 못하고 있다고 한다. 하지만 이는 해결된 분쟁들에 비해 남아 있는 분쟁이 훨씬 더 까다롭기 때문이다.[9] 더욱 분명한 사실 한 가지는 미국이 지지하지 않는다면 조정이 이뤄질 가능성도 매우 희박해진다는 것이다.

■ 깊이 읽기

유고슬라비아 내전과 평화협정

공산주의 국가였던 유고슬라비아연방은 크로아티아계와 보스니아계, 세르비아계와 몬테네그로계 등을 포함해 많은 민족들로 구성되어 있었다. 문제는 1989년 세르비아 대통령으로 선출된 슬로보단 밀로셰비치Slobodan Milosevic가 강력한 세르비아 민족주의를 표방하면서부터 시작됐다. 분쟁은 확실히 세르비아계가 다른 민족을 지배하는 양상으로 전개됐다. 훗날 '발칸의 도살자'로 묘사된 밀로셰비치는 세르비아인으로 조직된 군대를 통해 독립을 선언한 상태였던 슬로베니아와 크로아티아를 차례로 공격했다. 한편 이슬람계와 크로아티아계가 인구의 60퍼센트를 차지하고 있던 보스니아 헤르체고비나는 세르비아계의 엄청난 저항에 부딪쳐 1995년까지 25만 명이 무참히 살해되고, 곳곳에서 일어난 방화와 강간 등의 범죄로 몸살을 앓았다. 알바니아계가 인구의 90퍼센트 정도였던 코소보 지역 역시 무차별 학살의 최대 피해자였다.

1995년 강대국과 국제기구의 중재를 통해 데이턴 평화협정이 체결됐다. 평화협정을 통해 독립을 선언했던 국가에 보호령에 준하는 체제가 부여됐다. 그러나 전범에 대한 처벌이나 코소보가 이론적으로는 세르비아의 영토로 편입된 것 등, 분쟁의 소지는 여전히 남아 있는 상태다. 옮긴이

▶참고—『르몽드세계사1』, 174~175; 『죽기 전에 꼭 알아야 할 세계 역사 1001 Days』, 피터 퍼타도 외 공저, 마로니에북스, 네이버 백과사전http://100.naver.com/100.nhn?docid=700493

유엔이 개입해서 성공한 사례

- 1991년 캄보디아를 위한 파리 평화협정
- 1994년 엘살바도르 평화 수립
- 1994년 모잠비크의 선거 중단 사태 해소: 레나모 지도자 알폰소 들라카마 Alfonso Dhlakama가 선거를 거부하면서 평화 정착 과정을 중단하겠다고 위협하자 유엔 특별대표부의 알도 아헬로Aldo Ajello가 선거 부정과 관련된 모든 불만이 한 점 의혹 없이 조사되어야 한다는 유엔의 보장을 서면으로 제출함으로써 협상이 계속 이루어졌다.
- 1996년 과테말라 내전 합의: 유엔 중재자인 장 아르노Jean Arnault는 충분한 수준의 신뢰 관계를 형성하는 데 중요한 역할을 함으로써 정당들이 대면하여 협상할 수 있게 했다.
- 1996년 타지키스탄 평화협정과 1997년 권력 분담 조정
- 1998년 이란-이라크 전쟁 종식

▶출처－F. Hampson, "Can the UN still mediate?" in *The United Nations and Global Security*(2003)

남자와 폭력

사적인 관계에서 성별을 참조하는 것은 이제 보편적인 현상이다. 그러나 국제적 쟁점에서 성별은 종종 무시된다. 무기를 휘두르거나 여성과 아이들에게 폭력을 휘두르는 것은 여전히 남성이다. 키프로스에서 활동하는 한 비정부기구는 터키계와 그리스계 키프로스 여성들로 구성되어 있다. 그들은 '키프로스를 위한 유엔 사무총장의 계획' 아래 '문제의 새로운 지위'에 대한 토론 모임을 가졌다. 그들은 두 민족 집단 사이에 새로운 관계를 꾀하는 것을 목표로 모임을 시작했다. 평등과 상호 존중, 그리고 소통과 비폭력이 그 관계의 특징이었다. 그러다가 이내 그러한 관계가 남성과 여성 사이에 수립될 수 있다면 그들의 삶이 매우 크게 진전될 것이라는 사실을 깨닫게 되었다.

●키프로스Cyprus―지중해 동부에 위치한 섬나라로 정식 명칭은 키프로스 공화국이다. 인구는 그리스계와 터키계로 이루어져 있으며 그리스계가 다수를 차지한다. 모국인 그리스와 터키를 바다 건너 두고 두 민족 간 갈등이 깊어지던 차에 터키가 북키프로스를 점령했고 북키프로스 터키공화국을 세웠다. 그러나 국제적으로는 키프로스 공화국만 인정받고 있다. 옮긴이

〈분단너머손잡기Hand Across the Divide〉는 여성을 평화협정에 포함시키는 것을 매우 실질적인 의제 가운데 하나로 삼았다. 즉, 군사 징병제의 종식, 국방비를 건강이나 교육, 공공서비스 예산으로 전환시키는 것, 그리고 남녀 동수의 민간이 통제하는 경찰력을 만드는 것 등이다. 〈분단너머손잡기〉는 여성주의적 안보 개념을 지지한다. 여성주의적 안보란 전쟁의 위협이나 가정, 직장, 길거리에

키프로스, 남성성을 입증하다

1960년 영국에서 독립한 이래 그리스계와 터키계 키프로스인들은 키프로스의 정치적 지위나 그 지위가 그리스와 터키에 연계되는 것에 동의할 수 없었다. 유엔 평화유지군이 1963년부터 상주했지만, 1974년 그리스계가 쿠데타를 일으키자 터키가 섬 북쪽을 점령해 버렸다. 뒤이어 심각하고 치명적인 일들이 양쪽 모두에서 일어났다.

다른 나라들처럼 키프로스도 남성은 폭력 행사를 통해 자신들의 남성성을 입증한다는 금언이 있다. 키프로스의 사람들, 특히 여성들은 몇 십 년 동안 폭력과 불안 속에서 살아 왔다. 그들은 공적인 삶뿐만 아니라 가정이나 친족, 개인 관계에서도 심각한 희생을 치렀다. 〈분단너머손잡기〉를 통해 우리는 개인 차원에서 일어나는 젠더 기반 폭력과 무력 분쟁의 폭력 사이에 존재하는 연관성을 알 수 있다. 군국주의 이데올로기와 가부장제, 그리고 국가주의와 자본주의 사이에는 명확한 연계가 있다. 국가주의에 물든 정치인과 군대는 남성들에게 나라를 위해 목숨을 바쳐 남성성을 입증하라고 요구한다. 그리고 여성들에게는 가부장적인 이상에 맞추어 행동할 것을 요구한다. 국가 이익을 위해 그들의 남편과 아들을 바치라는 뜻이다.

농담 같은 현실

옆에서 지켜보던 한 남성이 말했다. "저 놈을 쏴." 하지만 여자는 "그런데 저 녀석은 너무 못생기고 말랐잖아. 총알을 낭비할 필요가 있겠어?"라고 농담을 했다. 그래서 그들은 나를 살려 주었다.

8살에 난민이 된 앤드루는 가족도 없이 남수단에서부터 에티오피아까지 걸었고, 다시 북부 케냐로 걸어갔다. 그는 지금 오스트레일리아에 살고 있다.

서의 폭력과 괴롭힘에서 벗어나 심리적, 경제적, 그리고 사회적 안녕을 누리는 것이다. 키프로스의 경우에서처럼 많은 분쟁에서 여성들은 남성들보다 종족의 경계를 더 쉽게 넘나들 수 있다고 여겨진다. 여성들은 남성들에 비해 종족 정체성을 덜 드러내기 때문이다. '선택된 트라우마와 선택된 영광'은 남성들이 다른 민족 집단과 싸우는 것을 정당화하기 위해 과거를 재창조한 것일 뿐이다.

결혼과 동시에 [나고 자란] 가정으로부터 단절되는 여성은 이미 새로운 정체성과 지역성을 가지고 사는 법을 배운 셈이다. 이는 여성들에게 더 많은 유연성을 가져다주었다. 〈르완다통일과화해위원회〉 위원장 알로이세아 이늄바나Aloisea Inyumbana는 강간을 당하거나 과부가 된 르완다 여성들은 자신들이 겪은 경험들 덕분에 하나로 뭉치는 법을 알게 되었다고 말한다. 종족 정체성은 남성 주도의 정치적 목적을 위해 그토록 잔인하게 이용됐지만, 종족 정체성을 분열시키며 얻는 힘보다 더 강력한 힘은 '통합'에서 얻어진다. 그 통합을 여성들이 이루었던 것이다. 여성들은 외부인들이 그들을 '강간의 희생양'으로 대상화하지 않고 한 개인으로 존중해주길 바라는 마음에서도 더욱 결합을 공고히 했다.

평화를 위한 징병

징병제는 개인적 경험과 사회적 경험이 겹치는 좋은 예다. 남성들을 징병하는 나라에서 남성들은 천천히 군사적 문화에 익숙해지게 된다. 그렇게 그들은 가족 밖에서 새로운 충성심을 기른다.

이스라엘은 여자도 징병의 대상이라는 점에서 특이하다. 하지만 성별에 따라 다른 임무가 주어진다. 징병제를 폐지하는 것만으로 경제적·사회적·심리적인 다양한 이점을 누릴 수 있다. 징병 대신 우리는 병원이나 학교를 짓고 사람들을 교육시키는 등, 사회적으로 유용한 일에 젊은이들을 동원할 수 있다. 1970년대 나이지리아에서는 대학 졸업생들을 그러한 계획에 동참시켰다. 학생들은 사회적으로 유용한 일에 참여하면서 장학금도 상환할 수 있었다. 또한 학생들이 자기 집단이 아닌 다른 종족 집단과 함께 일을 하다 보면 국가적 통합을 이루는 데 기여할 수 있으리라는 계산도 있었다. 그렇지만 그것은 나이지리아가 꾸었던 다른 많은 꿈들처럼 결국 실패로 돌아가 버렸다. 현실에서는 부패가 만연해 부유한 대학 졸업생들이 사회적 동원을 회피하기 위해 뇌물을 썼기 때문이다.

다툼이 무엇이든, 어디서 일어났든 간에 당사자 간의 소통을 원활하게 하기 위해서는 다음 세 가지가 꼭 필요하다. 첫째, 쟁점을 처리하는 데 충분한 시간이 필요하다. 둘째, 분쟁 당사자들이 분쟁을 불러일으킨 역사를 인식하고 있어야 한다. 셋째, 특정 상황의 역사다.

미 국가안보위원회 소속이었던 미국 대사 할 사운더스Hal Saunders는 세계 각지를 순회하며 '지속적인 대화'를 주제로 강연회를 열고 있다.[10] 현재 할 대사는 타지키스탄에서 분쟁 중인 몇몇 정당들과 함께 일을 하고 있으며 미국의 배턴루지에서 흑인과 백인 사이에 대화가 이뤄지도록 조언하고 있다.

1982년 이스라엘이 레바논의 팔레스타인 사람들과 전쟁을 치르는 것을 지켜보며 할 대사는 고통을 당하고 있는 사람들을 다룰 수 있는 '정치적 과정'이 중요하다는 걸 배우게 되었다. 할은 "모든 사람들이 인간이 받을 수 있는 최대의 고통을 겪으며 살았다"고 말했다.[11] 국제적으로 할 대사는 지속적인 대화는 이중의 의제 위에서 작동한다는 점을 강조했다. 즉, 모든 참여자와 관련된 실제적인 문제와 쟁점에 초점을 두되 동시에 그러한 문제들을 해결할 수 있는 관계와 해결을 가로막는 관계에도 명백하게 초점을 두어야 한다는 것이다.[12]

심리학자들의 모델

●태즈메이니아Tasmania−오스트레일리아에 속한 섬으로 대륙의 동남쪽에 위치하고 있으며 섬의 많은 부분이 국립공원, 세계문화유산으로 지정돼 있다. 옮긴이

심리학이 사람들에게 좋은 분쟁 해결 모델을 제시할 수 있다는 믿음으로 태즈메이니아에서 심리학자로 구성된 집단이 일에 착수했다. 그들의 기획은 4단계로 이루어져 있다.

- 윈-윈 상황에 대한 기대를 키우기
- 각 당사자의 이해관계를 규정하기
- 브레인스토밍을 통해 창의적 선택지 만들기
- 선택지들을 윈-윈 상황 안으로 묶기[13]

심리학자들은 분쟁을 해결할 수 있는 유사한 모델이 매우 폭넓게 존재한다는 사실을 이해하고 있었고 그 모델들이 어떤 상황에서든 잘 작동할 것이라는 점도 알고 있었다. 그러나 심리학자들은 윈-윈 해결책을 유념하는 훈련을 하는 것만으로도 긍정적인 결과를 얻을 수 있는 능력이 놀랍게 향상될 것이라고 강조했다. 그들은 설사 7년 후에라도 긍정적 결과를 얻게 될 것이라 장담했다. 일단 사람들이 자신의 권리에 대해 말하기 시작하면 그들은 막다른 길로 가고 그래서 양쪽 모두에게 받아들여질 수 있는 해결책을 찾는 일에 흥미를 잃고 마는 경향이 있다.

"평화에는 비용이 따른다"

평화를 정의하는 두 가지 중요한 관점이 있다. 하나는 총성이 멈추고 싸움을 중지하면 그게 평화라는 견해고, 다른 하나는 정의가 있는 곳에 평화가 존재한다는 견해다. 첫 번째 견해와 관련해서는 전쟁이 끝나고 나면 우리는 한동안 아무 말도 할 수 없는 상태가 된다는 데 문제가 있다. 이것은 총과 지뢰와 시체들 그리고 불구가 된 사람들에 둘러싸여 있는 여자들, 아이들, 그리고 남자들이 겪는 최초의 단계이자 필수적인 단계이기도 하다. 달라이 라마가 말한 것처럼 "평화는 그저 전쟁의 부재가 아니다. 평화는 수동적인 상태가 아니다. 우리는 전쟁을 일으키는 것처럼 평화를 일으켜야 한다."

참된 정의를 통해 평화를 얻는 두 번째 단계는 당연히 세계 어느 곳에서도 아직 이루어지지 않았다. 이것은 현실에서 경험할 수 있는 것이 아닌 이상적인 것이다. 전쟁에서 확실한 승자가 생기는 경우는 양쪽이 팽팽한 경우보다 전쟁이 다시 일어날 확률이 훨씬 낮다. 팽팽한 경우 패자는 한 번 더 전쟁을 벌여 상황을 역전시킬 가능성을 엿보기 때문이다.

'정의로운 평화'라는 개념은 매력적이긴 하지만 그것이 실제로 함축하고 있는 것에 대해서 동의하기는 사실 힘들다.[14] 많은 난민 귀환 프로그램에 공통적으로 나타나는 한 가지 사례를 들어 보자. 난민들이 귀환을 하고 보니 어디에도 갈 곳 없던 집 잃은 사람들이 자신들의 집과 농장에 터를 잡고 있었다. 이 경우 공정한 해결책이란 무엇일까? 자신의 집과 땅을 되찾으려는 노력이 부당한 것이 되어 버리는 시한이라는 게 있는 것일까?

평화로 떠나는 여행

〈유네스코〉는 물리적인 대상보다는 사고와 가치를 다루기 때문에 유엔의 다른 기구들보다 더 많은 논란을 일으키는 경향이 있다. 영국 수상 대처는 〈유네스코〉가 너무 좌경화되었다고 생각해 영국을 〈유네스코〉에서 탈퇴시키기까지 했다. 반면, 〈유네스코〉의 성명이 너무 상투적이라는 사람들도 많다. 물론 전쟁 문화에 더 편안함을 느끼는 정부들의 경우에는 평화 문화를 진작시키겠다는 〈유네스코〉의 목적에 불쾌감을 표하기도 한다.

〈유네스코〉는 전쟁 문화의 요소를 무력의 독점으로 성격이 규정되는 권력, 적을 두는 것, 위계적 권위, 비밀 유지와 선전, 군사력 비축, 인간과 자연에 대한 착취, 그리고 남성 우위의 질서라고 정의한다. 그런데 자신들의 실상을 명확하게 알고 있는 나라는 이 정의를 쉽게 받아들이지 않는다. 미국 대표는 평화 문화를 받아들이면 전쟁을 시작하기 힘들어질 거라고 불만을 토로하기도 했다.[15] 유엔의 평화 문화는 여덟 가지 약속을 포함한다. 모든 생명의 존중, 민주적 참여, 지구의 보존, 폭력의 거부, 연대의 재발견, 나눔, 사회적 평등을 위한 노력, 이해를 위한 경청이 그것이다.

논쟁에 불을 지피는 것은 세부적인 것들이다. 〈유네스코〉가 후원하는 다多신념 회합은 "우리의 윤리적 인식은 기술을 제한하고 소비주의를 제거하는 데까지 나아가야 한다"고 선언한다.[16] 엘살바도르에 평화 문화를 정착시키기 위한 국가적 프로젝트가 시작되었다. 이 프로젝트는 가난한 여성들에게 힘을 실어 주기 위해 라디오 방송 등을 통해 전방위의 동참을 이끌어 내는 데 초점을 맞추었다. 함께 일을 하는 것이 결과를 산출하는 것만큼이나 중요하다는 사실을 깨닫게 됐기 때문이다. 자금을 모으는 것은 쉽지 않았다. 다른 평화 프로젝트와 마찬가지로 엘살바도르에서 일하는 사람들은 전쟁에 들어갔던 자금 가운데 아주 작은 액수도 찾기 힘들다는 것을 알게 되었다. 상업 라디오 방송국과 좌파 비정부기구 사이에 공통점이 하나 있다면 그것은 평화를 진작시키는 일을 하면서 돈도 벌고 싶어한다는 것이다.

국민국가 내부의 혼란

개인 사이에 발생하는 폭력 분쟁은 형사법의 영역 안에 놓이는데, 보통 피해자가 재판을 청한다. 그러나 내전이나 국제 분규에 휘말린 사람들 대부분은 평화협상에 참여할 기회를 갖지 못한다. 발칸 전쟁, 북아일랜드, 이스라엘과 팔레스타인, 키프로스, 그리고 많은 아프리카의 분쟁은 휴전이 선포되거나 새로운 평화 조약이 체결될 때 세계적인 주목을 받았다. 그렇다면 왜 국제사회는 분쟁을 성공적으로 해결하는 일을 하지 못하거나 적어도 하지 않으려고 하는 것일까? 분쟁 상황이 가열되는 상황에서도 폭력을 방지하기 위해 초기에 개입하는 것을 망설이는 이유는 4세기나 된 국가 자주권에 관한 오래된 이상 때문이다. 오늘날 많은 분쟁들은 식민주의만큼이나 오래된 것으로, 국가가 시민과 시민들의 인권을 보호하는 게 자신의 첫 번째 의무라고 생각하지 않는 한 결코 끝나지 않을 것이다.

인권 보호

인도주의적 개입은 종종 국가에 대한 내정 간섭으로 해석되기도 한다. 국가 자주권을 존중하면서 감시자로서 국제사회의 역할을 폄하하기 때문이다. 여론이 과연 어떤 시점에서 '뭔가를 해야 한다'는 방향으로 태도를 바꾸는 게 될지는 아무도 모른다. 분명한 것은 그러한 요청이 오기까지 상당한 인명 피해가 예상된다는 것이다.

이것이 다가 아니다. 성공적인 협상은 개인의 분쟁을 해결할 때와 마찬가지로 몇 가지 요소들 때문에 방해를 받는다. '협상에서 중립적 제삼자의 지원'[17], 즉 중재는 국제분쟁 해결에서 중요하게 작용하지만 갈등을 겪고 있는 당파 사이를 중재하려는 외부자의 시도가 아무런 성과 없이 끝나는 경우도 상당수 있다. 내부 사람들은 외부 조정자란 그 상황의 세부적인 요소와 복합성에 대해 잘 모른다고 여기기 때문이다. 설상가상으로 외부 사람은 그 '원인'에 대해 같이 공감하는 게 가능하지 않다고 생각하기도 한다. 조지 미첼, 리처드 홀브룩 그리고 로드 오언과 같은 협상가들은 분쟁에서 각 측면에 맞는 적합한 해결책과 타협안을 찾기 위한 힘겨운 싸움을 피하지 않았다. 그 결과 놀랍게도 문화를 가로지르는 분쟁 해결 체계를 작동시켰다.

조지 미첼George Mitchell, 1933~

미국의 정치가, 분쟁 조정가. 메인 주의 상원 의원을 역임했고, 북아일랜드와 중동 문제에 개입했다. 1995년부터 2001년까지 북아일랜드 특사로 있으면서 분쟁 당사자가 준수해야 할 비폭력 원칙을 정립하고, 1998년 4월 10일 '벨파스트 평화협정'을 이끌었다. 옮긴이

리처드 홀브룩Richard Holbrooke, 1941~2010

전 유엔 주재 미국 대사, 아프가니스탄과 파키스탄 미 특별 대사. 클린턴 재임기간 동안 발칸 지역 특사로 파견되면서 그 지역 분쟁 해결에 큰 공헌을 한 인물이다. 무엇보다 데이턴 평화협정을 이끌어 내 구 유고슬라비아연방의 분열과 내분을 종식시키면서 '분쟁 해결사'란 명성을 얻었다. 옮긴이

로드 오언Lord Owen, 1938~

본명은 데이빗 앤서니 르웰린 오언David Anthony Llwellyn Owen. 영국의 정치가로 1977년부터 1979년까지 외무부장관을 역임했다. 보스니아 내전 때 평화협정을 추진하였으나 성공을 거두지는 못했다. 옮긴이

평화에는 시간이 걸린다

분쟁을 해결하는 데는 시간이 결정적인 역할을 한다. 보통 [분쟁 해결에 허락된] 시한은 너무나 촉박하다. 예를 들어 2000년 빌 클린턴, [당시 이스라엘 총리인] 에후드 바락Ehud Barak, [팔레스타인 자치 정부 의장인] 야세르 아라파트Yasser Arafat 사이에 진행된 캠프 데이비드 협상은 클린턴 대통령의 임기가 끝나기 전 문제를 매듭짓기 위해 성급히 추진되었다. 클린턴은 '평화' 대통령이라는 명성을 얻기 위해 협상을 급히 몰고 갔다고 비난받았다.

●**캠프 데이비드 협상**Camp David talks─팔레스타인 자치에 대한 최종 협상. 가자 지역 전체와 요르단 강 서안의 대부분을 팔레스타인에 양도하는 것과 팔레스타인의 주권, 안보, 난민 문제 해결 등을 포함해 분쟁을 종식시키기 위한 중재안이 제시되었지만 협상은 끝내 결렬되었다. 옮긴이

태평양 지역의 부갱빌 협상은 솔로몬제도의 협상보다 훨씬 더 성공적인 것이라고 평가받는다. 합의에 도달하기까지 걸리는 시간에 제한을 두지 않았기 때문이었다. 그리고 뉴질랜드(아오테아로아)에서도 마찬가지였다. 그들은 '아무리 많은 사람이 참여하고 시간이 오래 걸리더라도' 괜찮다는 심정으로 느긋함을 유지했다. 대화를 위해 충분한 시간을 허락하는 것은 심리적이고 감정적인 상처를 치료하는 데 있어서 빠질 수 없는 중요한 요소다.

> "아직도 하나의 벽이 남아 있다. (…) 전체 문제의 70퍼센트를 차지하는 심리적 장벽이 그것이다."
> ─안와르 사다트Anwar Sadat(1918~1981, 전 이집트 대통령), 1977년 이스라엘 국회 연설에서

적에 대한 인식을 조정하는 데는 시간이 많이 걸린다. 그러나 서로 싸우는 두 집단이나 중재자들은 시간 문제를 덜 중요하게 여기거나 무시하기 일쑤다. 그래서 평화 합의는 임시방편에 그치는 경우가 많다. 1993년에 이루어진 이스라엘 정부와 〈팔레스타인해방기구(PLO)〉 대표자들 사이의 '오슬로 협정', 1995년의 세르비아-보스니아 분쟁에 대한 '데이턴 협정', 1998년 북아일랜드의 '굿프라이데이 협정' 등이 그 좋은 예다.

평화협정은 대부분의 경우 현 상황을 일시적으로 중단시킬 뿐이다. 하나의 분쟁과 또 다른 분쟁 사이에 있는 중간 기착지 역할만 하는 것이다. 평화는 명백한 승자와 패자가 있을 때 지속되기가 쉽다. 한 쪽이 확실하게 패배하면 아무리 억울하고 서러울지라도 또 다른 처참함만 가져올 적대감을 곱씹는 것이 의미가 없다는 사실이 분명해진다. 에스파냐의 바스크 지역에서 일어나고 있는 분쟁이 몇 십 년간 지속될 수 있었던 것은 피범벅이 된 시체들이나 그들의 죽음을 슬퍼하는 친척들 말고는 아무도 이기거나 지지 않았기 때문이다.

> "평화는 아이들의 놀이나 웃음, 사람들이 자신들의 생각을 자유롭게 이야기하는 것, 글을 쓰는 사람이 말하고 싶은 바를 연필로 써 내려가는 것과 같다. 평화는 사람들을 노래하고 춤추게 하는 음악이다. 평화는 사람들이 거짓말과 두려움 없이 사는 것이다."
> ─영국에서 열 살 브리튼이 작문 숙제로 낸 글 중에서

3 문화 충돌

CONFLICT AND PEACE

문화 차이가 분쟁의 원인이 되거나 갈등을 악화시
킨다는 주장을 살펴보자.
문화에 따라 갈등을 다루는 협상 방식에는 어떤 차
이가 있을까?

03

문화 충돌

1989년에서 1996년 사이에 일어난 100개 이상의 무력 분쟁 가운데 단지 6개만 국가 사이의 전쟁이었다. 오늘날 대부분의 내전은 종족 간 분쟁이다. 그 속에서 적어도 어느 한 집단은 종족성을 드러내면서 집단의 정체성을 만들고자 한다.[1]

오늘날 전쟁의 대부분은 규모는 작지만 나라 안에 그어진 종족 구분선을 따라 말로 형언하기 어려울 정도로 잔혹한 형태로 벌어진다. 보통은 종족의 관심사와 경제적 불이익이 서로 상승효과를 낸다. 이 장에서는 왜 이러한 현상이 일어나며 문화적 구분을 극복하기 위해서는 어떤 기술을 사용해야 하는지에 대하여 알아볼 것이다. 문화 충돌은 상대적으로 새로운 영역이며 따라서 배워야 할 것이 많은 부분이다. 특히 온 세계를 망라하는 서구적 관점을 극복하기 위해 필요하다.

나라 안의 종족적, 인종적, 그리고 문화적 경계에 따른 깊은 균열은 조정하기가 매우 어렵다. 냉전이 종식되면서 그동안 '빅 브라더'가 수많은 작은 나라들에 물린 재갈도 제거됐다. 그 때문에 종족 간 혹은 문화 간의 충돌이 급속도로 번졌다. 예를 들어 1996

년 한 해에만도 아프리카 53개국 중 14개국이 싸움에 휘말렸고 그 중 13건이 국가 간의 싸움이 아니라 국가 안에서 일어난 내전이었다.[2] 국가의 내전은 국제적인 전쟁보다 나라를 더 황폐하게 만드는 경우가 많다. 정부가 통제력을 잃은 경우가 대부분이고, 국경 안에서는 작은 규모의 싸움이 벌어져도 그게 휘발유가 되어 분쟁이 들불처럼 번지기 때문이다. 오늘날 국제적인 분쟁에서는 싸움에서 질 것 같거나 이기더라도 높은 비용을 감수해야 할 경우, 대부분의 정부는 그 지역에 경제적 이해관계가 얽힌 이웃 국가의 도움을 받아 전쟁을 중단하고 패배를 인정하는 게 보통이다.

반면 내전의 경우에는 일단 폭력 사태가 벌어지면 그것을 중단하기 힘들다. 정부가 자신을 지지하는 편을 통제하는 것은 가능할 수 있지만 반대 입장을 가진 사람들에 대해서는 최소한의 영향력만 행사할 수 있기 때문이다. 보통 내전이 지속되면 정부와 그 반대 세력 모두가 젊은 군인들이 이끄는 군벌 세력이나 패거리에 의해 분열되는 경우가 발생한다. 이 경우 실제로 무기를 휘두르고, 아프가니스탄이나 시에라리온에서와 같이 강간하고, 약탈하고 심지어는 마약까지 하는 사람들을 통제할 수 있는 지도자를 찾는 일은 갈수록 더 어려워진다.

용어가 이렇게도 쓰이고 저렇게도 쓰일 수도 있지만, 종족 분쟁이라는 것은 공동의 기원과 역사, 그리고 운명을 기반으로 공통 정체성을 계속 가져 왔다고 믿는 집단 사이에 일어난다. 반면에, '문화 간' 분쟁은 북아일랜드에서처럼 같은 지역 안에서 가톨릭교도와 청교도로 나뉘거나, 태국에서처럼 불교도와 무슬림으로 나뉘는 등, 종교적 갈등을 포함하는 더 광범위한 용어다.(태국에서 타이 무슬림은 따로 구별되는데 소수자로 차별받는다.)[3] 종족 정체성은 문화에 따라 특징적인 관행, 믿음, 외형, 언어, 영토 등을 포함함으로써 범위가 넓어질 수 있다.

> **예언자의 망토**
>
> 메카의 카바*에 검은 돌을 놓는 영광을 누가 차지할 것이냐를 두고 싸우는 세 개의 집단이 예언자 무하마드를 찾아왔다. 예언자는 그의 망토를 가져오라 한 뒤 각 집단에게 그가 돌을 망토 위에 놓는 동안 망토를 한 모서리씩 들게 했다.
>
> * 이슬람 신전을 의미하며, 무슬림은 하루에 다섯 번씩 카바를 향해 예배를 하고 순례자들에게는 최종 목적지가 되기도 한다.

이슬람에 저항?

위의 '예언자의 망토' 이야기는 가자에서 동료 중재자로 훈련을 받고 있던 12살짜리 난민 아이가 "갈등 해소는 이슬람의 원칙에 반하는 것인가?"라는 질문을 던진 뒤, 훈련용 교재에 추가된 내용이다. 아이의 할아버지는 아이의 질문에 "그렇다"라고 답했다고 한다. 이를 통해 우리는 현재의 종교적 신념들에 관용, 다양성 그리고 비폭력의 개념을 연결시키는 작업을 충분히 하지 않았음을 알 수 있다. [관용, 다양성, 비폭력 같은] 그러한 생각들은 아무런 뿌리도 없는 서구적 가치이자 외부자의 시선으로 치부되었다. 이를 통해 지역적 맥락 위에 보편적 가치가 세워져야 한다는 점을 확실히 배울 수 있다. 예를 들어 '다른 뺨을 갖다 대라'는 금언은 중동 지역

뿐 아니라 다른 곳에서도 아주 자세한 설명을 필요로 한다.

종족 집단의 구성원들은 보통 그들 자신의 안보와 이익을 공동으로 수호한다. 하지만 마찬가지로 종족 집단 구성원은 집단 외부의 차별 때문에 새로운 화합을 이뤄야 한다는 압박을 받는다. 많은 자서전이 보여 주는 것처럼 보통 소수집단의 구성원은 외부 압력의 결과로 소수파의 정체성을 가장 먼저 인식하게 된다. 오스트레일리아 사람들이 흔히 하는 말이 있다. 남유럽 사람들의 정체성은 학교 운동장에서부터 형성된다는 것이다. 새하얀 빵과 야채 샌드위치를 싸온 오스트레일리아 학생들이 그보다 맛있어 보이는 점심 도시락을 싸온 남유럽 학생들을 공격하면서 말이다. 행복한 결말이지만, 인종적으로 폭넓은 배경을 가진 덕에 학생들은 현재 [이탈리아의] 포카치아, [인도의] 난, 그리고 [중동 지역의] 피타를 함께 나누며 즐거워할 수 있는 것이다.

"그들이 좋은 직업을 다 가져간다"

외부 사람들과 참여자 모두 '종족적'인 원인으로 발생한 분쟁이라고 특징짓더라도 그것이 분쟁의 실제 원인을 보여 주지는 못한다. 내전은 일반적으로 깊은 좌절감에서 생긴다. A집단의 구성원이 B집단의 구성원 자체에 적대감을 갖고 있지 않더라도 집단 B가 부당하게 특혜를 받는다고 생각하면서 불만이 쌓이고 그리하여 폭력이 행사될 수 있다. 그러한 특혜 가운데는 "그들이 우리 땅을 빼앗아 간다"거나, "그들이 좋은 일자리를 다 가져간다", 아니면 "그들은 정부에게서 특별 대우를 받는다" 같은 것들이 포함된다. 갈등 대부분은 희소 자원에 대한 것이거나 누가 그 자원을 차지할 것인가에 대한 문제이지 아주 오래된 종족의 분리 때문에 발생한 게 아니라는 것은 변함없는 사실이다. 종족성이라는 것은 내집단과 외집단 사이에 자원의 할당을 결정하기에 앞서 '우리'와 '그들'을 정의하는 편한 방법일 뿐이다. 특히 인도에서는 이러한 용도로 카스트가 종족성을 대신한다. 인도에서 '하층' 카스트는 오직 쓰레기를 수거할 때만 '상층' 카스트의 집에 들를 수 있다. 많은 서구 세계에서 종족성을 근거로 어떤 사람들을 배제하는 것은 더 이상 용납되지 않는다. 하지만 사실, 어떤 사람들에게 잠재적 테러리스트라고 딱지를 붙이는 것도 똑같은 기능을 한다.

더 이상의 계급 전쟁은 없다

앞서 말한 것처럼 긴장은 자원, 경제적 이익 혹은 정치권력에 접근하고자 하는 구조적인 필요가 있는데 이 필요가 충분히 충족되지 않기 때문에 생긴다. 문화 간 갈등을 촉발하는 요인으로는 다음과 같은 것들이 있다.

- 특정 종족 집단에 대한 차별이나 억압
- 사회 내에서 특정 종족 집단이 갖는 지위에 대한 불만족
- 사회 내에서 열악한 경제 상황

계급을 기반으로 한 정치가 약화되면서 최근 몇 십 년간 종족 집단 사이의 긴장이 확연하게 격화되었다. 예를 들어 유고슬라비아에서 공산주의 체제는 계급 차별을 타파하기 위한 최우선적인 정치 수단으로 큰 역할을 했지만 그로 인해 종족성이 [훗날] 분할을 위한 가장 좋은 구실로 남았다. 피지에서는 계급을 기반으로 하는 노동당이 가난한 인도인과 실업 상태에 놓인 피지인 지지층을 끌어모아 권력을 획득하는 데 성공했다. 그런데 1989년에 권력 밖으로 물러난 피지인 엘리트들이 계급 여부에 관계없이 피지인들이라면 모두 인도인에게 적대감을 품어야 한다고 부추겼고 그것이 결국 쿠데타로 이어졌다.

전 세계적으로 엘리트는 정의상 작은 집단을 뜻하는데 계급 정치보다 종족성을 부추기는 것에 관심을 둔다. 종족성의 정치를 통해 특정 집단의 구성원들은 악화되는 경제 상황이 지도자가 무능하고 부패해서가 아니라 다른 종족 집단이 부당한 몫을 쥐고 있기 때문이라 믿게 된다. 이로써 사람들은 엘리트들의 결함에서 눈을 돌리고 심지어 가난한 종족 집단의 구성원들도 관료가 되어 이권이라도 챙길 특권을 잡게 되면 그것에 만족한다. 이것이 자기 종족 내부에서 약탈자가 나오는 경우다. 피지의 경우, 양 종족 모두에게 지지를 얻어야 당선할 수 있는 선거 제도를 만들고자 국제사회가 많은 노력을 기울였지만 결국 그 모델은 작동시키기에 너무 복잡한 것으로 판명되었다.[4]

타피는 웨일즈 사람

사람들은 갈등을 겪으며 상처를 입고 절망을 경험한다. 예를 들어 지배적 위치의 종족 집단이 정치 주도권을 잡은 곳에서 누군가는 모든 사람들의 이익을 증진시켜야 할 공공기관이 특정 집단에게만 경제적·정치적인 이익을 베풀고 있다고 생각할 수 있다. 약자 집단에 대한 차별은 이러한 특별 대우를 포함하기 마련이고 그러한 특별 대우는 보통 편견에서 만들어진다. 소수집단 구성원들은 정부에 고용되기 쉽지 않은데 그 이유는 다수가 그들을 '게으르고 정직하지 않다'라고 보기 때문이다. 이러한 편견은 공식적인 교과서에까지 나올 정도다. 예를 들어 영국의 어린 학생들은 시구의 운을 맞추는 수업 시간에 '타피는 웨일즈 사람이다. 타피는 도둑이다'라는 구절을 배운다.

워싱턴의 〈갈등해결기술연구소〉 소장 모하메드 아부나이머 Mohammed Abu-Naimer는 아랍과 이스라엘 아이들과 일한 경험을 기술한 바가 있는데, 그 아이들은 어른들에게서 배운 대로 서로를 파악했다.[5] 식민 권력은 식민지 주민들 가운데 특정 종족만 편애했다. 식민지 시기의 종족적 편견이 오늘날까지 사라지지 않고 정부가 인력을 채용하는 데 얼마나 큰 영향을 미치는지 알면 모두들 놀랄 것이다. 식민지 시대 우간다의 바간다족은 영국 사람들의 지지 덕분에 크게 번성할 수 있었고 독립 후에도 바간다족은 여전히 다양한 혜택을 누리며 산다. 여기서 종족적 긴장 대부분이 발생한다. 바간다족이 누리는 특혜 가운데 핵심에는 교육이 있다.

식민 권력에 의해 특혜를 받은 집단들은 교육을 훨씬 잘 받았고, 그래서 계속 좋은 직업을 가지게 되었다.[6] 북부 나이지리아나 가나 같은 경우에는 이러한 상황이 더욱 악화되었다. 그곳의 무슬림 집단은 기독교인과 선교사들의 서구식 교육을 거부했지만 그렇다고 다른 대안을 마련하지도 못했다. 1967년부터 1970년까지 지속된 나이지리아 내전은 영국 식민 정부가 나라 안 모든 종족·종교 집단에게 평등한 교육의 기회를 제공하려던 정책이 실패하면서 직접적으로 촉발되었다. 소련은 중앙아시아의 페르가나 계곡을 지배하기 위해서 타지크족처럼 동일 종족 집단을 이루며 사는 사람들을 다종족 거주지로 보내 고의적으로 국경선을 그었다. 종족을 해산시킬 요량이었다. 이후, 소비에트 당국은 이러한 인위적 분리 때문에 생겨난 분규를 끊임없이 중재해야만 했다. 『전쟁과 종족성War and Ethnicity』이라는 책에서 제시하는 바와 같이, "종족성은 사회적으로 구성된다. 그것은 갑자기, 그리고 자발적으로 생겨나는 것이 아니라 오로지 특정한 역사적 환경에서 생겨난다. 정치 엘리트들의 끊임없는 계산이 없다면 치명적인 힘으로 발전하기도 힘들다"[7]

서로 다른 문화적 집단 사이의 차별과 억압은 종종 체면의 상실로 이어지는 경우가 있다. 이때 특정 집단은 너무 홀대를 당해 그들의 긍정적 정체성을 잃어버린다.[8] 종속당하는 집단은 박탈감을 공유하고 그것을 기반으로 하여 정치적으로 혹은 사회적으로 움직이게 되기 전까지는 한동안 차별을 감당해야만 한다. 남아프리카에서 네덜란드나 프랑스 정착민의 후손으로 태어난 백인들은

●아파르트헤이트apartheid─
분리, 격리를 뜻하는 말로 인종
차별정책을 언급할 때 널리 쓰
이며, 구체적으로는 남아프리
카 공화국의 극단적인 인종차
별 정책을 지칭한다. 옮긴이

아파르트헤이트 법을 통해 남아프리카의
흑인들을 억압하는 동안에도 스스로를
영국 식민 지배의 희생양으로 바라봤다.
1840년대 있었던 '대이주'와 이후 발생한
'보어 전쟁'은 희생양 정서를 더욱 부채질
한 강력한 역사적 상징이었다. ■ 남아프리
카 태생 백인들은 스스로를 신으로부터 선택받은 사람들이자 고
통으로 죄를 대속받아 '열등한' 아프리카인, 인도인 그리고 혼혈인

■ 깊이 읽기

남아프리카공화국의 백인들

네덜란드어로 '농민'을 뜻하는 보어인은 17세기 중반부터 네덜란드 동인도
회사의 케이프 개척을 계기로 남아프리카공화국에 유입되기 시작했다. 아
프리카 토착 백인이자 스스로를 아프리카너로 부르며 세력을 키워 가던 그
들은 케이프 식민지를 건설하려는 영국과 충돌하게 된다. 1814년 영국이
정식으로 케이프를 식민지로 삼자, 보어인들은 자신의 이익과 상충하는 영
국의 식민지 정책에 반발하며 '대이주The Great Trek'를 단행하게 된다. 케이
프에서 북동진하며 여러 토착 부족들을 몰아 내며 영토를 확장, 1838년에
는 나탈공화국을 건립했으나 1842년 영국에게 빼앗겼고, 뒤이어 트란스발
공화국, 오렌지자유국도 건국됐지만 영국의 영향력에서 자유로울 수는 없
었다. 1896년부터 1902년까지 일어난 '보어 전쟁'은 남아프리카의 주도권을
잡기 위한 두 백인 집단 간의 싸움이었고, 여기엔 트란스발의 금광이라는
이권 역시 걸려 있었다. 영국의 식민 세력과 보어인 사이의 전쟁은 1910년
영국연방 국가가 세워지면서 막을 내리게 되었다. 옮긴이

을 지배할 운명을 부여받은 사람들로 보았다.

스리랑카의 다수파인 싱할라족 또한 자신들을 희생양으로 생각했다. 그들은 식민지 시절 자프나와 콜롬보에 거주하면서 교육을 받은 기독교인인 타밀족에게 부여된 특혜와 독립 후 세워진 보수정부에 분개했다.

사회 집단의 자기 인식은 사회질서를 유지하는 데 결정적인 역할을 한다. 집단의 역사는 그들 문화의 중요한 요소가 된다. 역사와 규범은 집단을 정의하고 집단에 정체성을 부여하기 위해 만들어진다.[9] 지배적 문화가 다른 문화를 열등한 것으로 폄하시키는 곳에서는 작은 긴장이 부지불식간에 폭력으로 쉽게 폭발할 수 있다. 특정 집단에 속한다는 이유로 열등감을 안고 곤란한 일을 겪는 사람이 있다면 그 사람의 하루하루는 강한 적개심으로 들끓게 될 것이다.

"우리에게 열등감을 안긴 그들을 증오한다. 이제 우리는 우리의 것을 다시 되찾을 것이다."

눈에는 눈?

하느님이 이반에게 소원을 말하라고 했다. 그런데 거기에는 함정이 하나 있다. "네가 바라는 것의 두 배를 네 이웃이 얻게 될 것이다." 이반은 자기 이웃이 자기보다 더 많은 것을 얻게 되는 것이 싫어 최종적으로 하느님에게 자기의 한 쪽 눈을 멀게 해달라고 한다.

발칸에서부터 멕시코에 이르는 거의 모든 농촌 사회에서 이 잔혹한 이야기와 비슷한 설화를 발견할 수 있었다.

민족 지도자가 좋은 통치 체제를 세우고 국가적 통합을 구축하며 경제적 발전을 이루는 일에 실패했을 때 국가는 빈곤과 실업에 허덕이다 결국 공동체적, 종족적, 종교적, 그리고 계급적 갈등을 겪게 된다. 사회를 통제할 수 없을 때 공동체의 갈등도 커진다. 불안정하거나 무너진 경제는 긴장과 불안을 가중시킨다. 그리고 만약 경제 구조 때문에 특정 자원에 대한 기회나 접근이 불평등하게 이루어진다면 그것은 불가피하게 종족 문제를 악화시킬 것이다. 그렇게 되면 지도자는 공격의 대상을 소수집단에서 찾게 되는데 그중에서 특히 동남아시아의 중국인이나 동아프리카의 인도인처럼 성공을 거둔 무역업자들이 취약한 표적이 된다.

『평화에 투자하기Investing in Peace』의 저자인 로버트 무스카트Robert Muscat는 "갈등은 정치적, 종족적, 문화적 원인으로부터 생긴다는 주장과는 달리 폭력 분쟁의 진정한 원천은 극심한 가난과 식량 불안을 제거할 수 있는 경제 발전의 '부재'에서 추적할 수 있다"고 했다.[10] 앞에서 이야기한 오스트레일리아 어느 학교 운동장에서 있었던 일처럼 초기 이주자와 최근 이주자 사이에서 발생한 긴장은 경제가 번영하면서 약화되었다. 고용 가능성을 면밀히 타진하면서 매년 이주 한도를 정한 덕분에 모두에게 고용 기회가 돌아갔기 때문이다. 오스트레일리아의 종족적 긴장은 경제가 침체되고 일자리 공급이 줄어들었을 때 가장 심하게 나타났다.

일자리를 제공하고 많은 사람들에게 높은 삶의 질을 제공하는 나라에서는 폭력 갈등의 예를 찾기가 힘들지만, 분리 독립 운동을 추구하는 집단이 있는 곳에서는 폭력 갈등이 촉발되곤 한다. 특히 분리 독립을 지지하는 사람들이 자원이 풍부한 지역에 사는 원주민일 때 갈등은 폭력적이 된다. 지역의 자원을 가난한 지역의 사람들과 나눌 필요가 없으면 자신들이 독립국의 부유한 국민이 될 수 있다고 생각하기 때문이다. 예를 들어 인도네시아의 아체 주가 겪은 격렬한 폭동은 1976년 이후로 인도네시아 정부가 아체 지역의 석유와 가스를 착취하면서도 그 부를 아체를 위해서는 전혀 사용하지 않았기 때문에 일어났다.

갈등을 처리하는 방식

문화에 따라 갈등을 처리하는 나름의 방식이 있다. 어떤 문화에서는 대립이나 폭력이 논쟁을 해결하는 방법이다. 반면에 어떤 곳에서는 제3의 집단이나 중재자를 통해 분쟁이 해결되기도 한다. 족장의 말이 곧 규범인 곳에서 불화는 전통적인 지도자의 중재로 해결된다. 광범위한 교육의 세례를 받은 젊은 사람들의 도전도 받지만 족장이나 지도자의 권위가 완전히 사라진 건 아니다.

어떤 상황에서는 쟁점을 마주하는 것보다는 단순하게 후퇴해 버리거나 일이 그냥 자연스럽게 굴러 가도록 내버려 두기도 한다. 다양한 당사자들이 분규를 다루는 경우 서로 다른 방식 때문에 상황이 더 복잡하게 되고 그에 따라 해결이 지연될 수 있기 때문이다.

식민 세력으로서 영국은 분명한 위계와 지도자를 가진 집단을 다루는 것이 훨씬 수월하다는 것을 알았다. 영국 스스로가 그런 것에 익숙하기도 했다. 그러나 영국은 단일 지도자가 없는 동부 나이지리아의 이그보에서나 태평양의 솔로몬제도에서는 성공을 거두지 못했다. 영국의 인류학자들 역시 그 지역 사람들을 '머리 없는 족속'이라고 불렀다. 지도자에게 데려가 달라고 하면, 대표 지도자가 없는 지역 사람들은 지도자 자리에 형식적으로 아무나 앉혀 사태를 무마하려고 했다. 식민 지배자들은 간접 통치 체제를 통해 명령을 전달하는 방식이 매우 비능률적이라는 사실을 알게 되었고, 만들어진 지도자조차 아무것도 이행하지 못한다는 사실을 발견한 뒤 매우 당황했다.

서로 다른 문화 사이에서 갈등을 해결하기 위해 만들어진 모든 모형은 긴장 완화를 위한 첫 걸음을 떼기 전에 중요한 차이들을 먼저 이해하라고 말한다. 예를 들어 덴마크 사람들이 에스파냐 사람들이나 이탈리아 사람들과는 다르다는 사실을 유럽 사람에게 이해시키기는 쉽다. 하지만 그들은 다른 대륙에 있는 나라 안에서 문화가 다르기 때문에 일어나는 차이는 스칸디나비아계와 라틴계 사이의 차이보다 훨씬 클 수 있다는 것을 반드시 이해해야 한다. 예를 들어 파푸아뉴기니는 5백만 명의 인구와 8백 개가 넘는 언어를 가지고 있다. 게다가 그 언어는 단순한 방언이 아니라 각기 고유한 어휘와 문법이 있는 별개의 언어다.[11] 태평양의 바누아투는 인구가 25만 명도 채 안 되지만 서로 다른 생태계와 문화, 통치 체계와 전통을 가지고 있으며 110개가 넘는 언어가 존재한다. 중재자가 개입했을 때 그 안에 내재된 복합성을 제대로 깨닫지 못하면 전혀 도움이 되지 않는 의외의 결과를 낳을 수도 있다. 예를 들어 영국 식민주의의 경우처럼 사람들이 실질적으로 따르는 지도자가 누구인지를 판단하는 것은 매우 복잡한 과제이기도 했다.

> "나무를 평화의 상징으로 삼는 것은 아프리카에서 널리 통용되는 전통이다. 예를 들면, 키쿠유의 어른들은 티기라는 나무의 가지를 꺾어 서로 싸우는 두 사람 사이에 놓는다. 그러면 서로 싸움을 멈추고 화해하게 된다는 것이다. 아프리카의 많은 공동체들은 이러한 전통을 가지고 있다."
> ─왕가리 마타이|Wangari Maathai(1940~, 케냐의 나무 심기 그린벨트 운동 창시자), 2004년 노벨 평화상 수락 연설 중에서.

단일한 문화를 여지껏 고수하는 종족 집단은 거의 없기 때문에 이러한 차이를 이해하기란 까다롭다.(단일한 문화를 간직한 종족 집단이 존재한다면 여성과 남성의 역할이 극명히 구분될 것이다.) 오늘날 많은 사회에서는 전통적인 지도자나 연장자와 (낡은 질서에 도전하라고 말하는) 서구식 교육을 받은 젊은 지도자들 사이에 팽팽한 긴장이 형성되고 있다. 따라서 전통적 지도자와 일할 필요도 있겠지만 그동안 여성과 젊은 남자들의 의견을 많이 고려하는 것도 중요하다. 1991년 내전이 발생했던 시에라리온의 끔찍한 폭력 사태 중 상당 부분은 나이든 세대가 아내들은 물론, 삶에서 얻을 수 있는 보상을 모두 독차지하는 특권을 누리는 것을 젊은 세대가 받아들일 수 없었던 결과다. 물론 이런 이유가 변명이 될 수는 없을 것이다.

폭력에도 한 가지 긍정적 측면은 있다. 때때로 여성들이 "이런 문제 때문에 좋은 것은"이라고 말문을 열면, 그런 화법에 익숙하지 않은 서구의 관찰자들은 깜짝 놀란다. 여성들은 적어도 한 번쯤은 자신들의 입장을 고려해 보게 된다고 말한다. 아프리카 여성들은 독립과 해방을 위한 투쟁에서 늘 환영받는 참가자들이었다. 그러나 일단 토착민 정부가 권력을 잡고 정부의 이권을 나눠 가진 다음에는 여성들에게 전혀 이해할 수 없는 이유를 대며 가정으로 돌아가라고 명령을 내린다.

태평양 지역의 어떤 어머니 집단은 남성이 여성은 공식 회의에서 말을 해서는 안 된다는 전통 법규를 강화하려 하기 전까지만 해도 아주 효율적으로 평화를 만드는 사람들이었다. 평화협상 자리는 외부 중재자가 양성 평등을 이야기하기 적합한 곳은 아닐지 모른다. 그러나 사실 어떤 일의 결과로 가장 큰 영향을 받을 사람에게 가장 많은 말을 할 권리가 있다는 원리를 무시하는 것은 아주 불공평할 뿐만 아니라 현명치 못한 것이기도 하다. 이는 상대 세력 누군가에게 강간당한 여성을 어떻게 대우할 것인가와 같은 명백한 성性의 문제부터 지역 경계를 세우는 것과 같이 분명히 성性과 무관한 쟁점들에까지 모두 적용된다. 여성이 다른 마을의 남성과 결혼하고 결혼 후에 남편을 따라 가서 사는 문화에서는 경계선을 세우는 것이 남성보다는 여성에게 훨씬 더 큰 영향력을 끼치는 결정이기 때문이다.

사람들이나 공동체가 서로 다른 필요, 다양한 믿음, 서로 경쟁하는 목표, 일치하지 않는 충성 대상, 가치, 이데올로기, 지정학적 요인 등으로 계속 언쟁을 벌이더라도 화해의 과정은 이 모든 것을 다 아울러야 한다.

밖에 총을 두고 오십시오

공동체나 조직 안에서 일어날 수 있는 불화를 해결할 때는 다음과 같은 세 가지 주요 기술이 필요하다. 깊이 있는 지식, 의식과 생각을 고조시키기, 갈등 해결을 위한 건설적 기술이 그것이다.

이러한 기술을 습득한다고 해서 늘 효과적인 건 아니다. 그러나 이를 습득한 사람들이 상당한 효과를 낼 수 있다는 것은 분명한 사실이다.

어떤 긴장 상황에서든 참여자와 중재자는 서로 다른 기대를 갖는다. 1999년의 소말리아 평화협정에서 한 중재자는 각 집단이 협상 장소 밖에 그들의 무기를 내려놓고 오는 일에 동의를 얻는 데만 여섯 달이 걸렸다고 했다. 중재자들은 양 집단이 다른 집단의 주장을 인정하고 끈질기고 겸허하게 배우고자 하는 태도를 가지도록 유도해야 한다. 또한 그 누구도 한 개인의 말이 다른 참여자에 의해 확실하게 이해되었을 것이라고 가정해서는 안 된다. 그리고 되도록 모든 경우에 어느 한편만 이익을 얻는 전략보다는 서로가 이익을 얻는 윈-윈 협상 전략을 적용시킬 수 있도록 노력해야 한다.

자매와 오렌지
한 자매가 집에 있는 오렌지 하나를 두고 싸움을 벌이고 있었다. 어머니가 이를 중재하기 위해 왔다. 어머니는 자매에게 오렌지를 반쪽씩 나눠 주기 전에 왜 오렌지를 원하는지 물어보았다. 그러자 한 명은 주스를 마시고 싶어서라고 했고 다른 한 명은 껍질을 벗겨 향수를 만들고 싶어서라고 했다. 그래서 어머니는 두 사람 모두 각자 하고 싶은 것을 할 수 있도록 했다.

오렌지를 자르다

두 자매와 오렌지에 대한 이야기는 관심사와 지위 사이에 차이가 있다는 점을 보여 주기 위해 준비한 것이다. 협상에서 사람들이 서로의 관심사에 대해 토론할 준비가 되어 있다면 양쪽 모두를 만족시킬 수 있는 데도 양립 불가의 위치를 택하기 때문에 동의에 이르지 못하는 경우도 많다. 일반적인 예로 모국으로부터 완전 독립을 원한다고 주장하는 소수집단의 경우를 보자. 사실 독립을 원하는 이유는 더 큰 정치력과 향상된 사회적·경제적 지위를 누리고자 하는 욕망이 있기 때문이다. 그렇지만 이러한 목표는 완전 독립 말고 자치를 통해서도 달성될 수 있다.[12] 펀잡 지방의 시크교도와 힌두교도가 좋은 예가 될 것이다. 시크는 독립을 원하고, 수자원을 더 많이 확보하기를 원한다고 했다. 하지만 힌두는 분리에 반대했고 수자원은 평등하게 분배돼야 한다고 못 박았다. 하지만 어쨌든 그들은 모두 펀잡의 번영을 바랐고, 테러리스트의 활동과 분쟁이 줄어드는 걸 원한다는 데 동의했다.[13]

서로 다른 언어로 말하기

언어의 차이는 종종 종족 갈등의 주요 요소가 되곤 한다. 보통 외부에서 참여하는 사람들은 그 지역의 언어를 거의 사용하지 못한다. 소말리아 사람들은 공통의 언어를 사용하는데도 어휘 사용의 중요성을 인식했기 때문에 각 부족은 공식 협상에 시인들을

엘살바도르 여성들의 힘

1980년부터 1994년 사이에 엘살바도르에서 잔혹한 내전이 일어났다. 이 내전은 엘살바도르 정부를 지지하는 미군과 〈파라분도마르티 민족해방전선Farabundo Marti National Liberation Front〉* 게릴라들에 대항하는 군사력에 의해 일어난 것이다. 전쟁 이전에 여성은 전혀 고려 대상이 아니었다. 여성은 그저 집에서 일만 할 뿐이었다. 그러나 전쟁이 일어나고 난 후 여성은 집 밖으로 나와 그들의 능력을 입증해 보였다. 전쟁 덕분에 여성은 진지하게 고려 대상이 되었고 여성들 스스로도 많은 것을 할 수 있음을 보여 주게 된 것이다. 사람들 역시 여성이 사회를 바꾸는 일에 도움을 줄 수 있다는 사실을 깨닫게 됐다.

---

* 엘살바도르의 게릴라 조직으로 1992년에 좌익 정당으로 조직화되었다. 옮긴이

팔레스타인과 이스라엘의 대화

한 중재자는 팔레스타인 사람과 이스라엘 사람을 중재하면서 스와스티카와 다윗의 별에 대해 사람들이 어떻게 반응하는지 물었다.

	이스라엘인	팔레스타인인
스와스티카	여전히 소름끼친다	슬프지만 '오래된 역사'
다윗의 별	따뜻한 정체성의 상징	지난 주 내 아버지 집을 깔아 뭉개 버린 탱크 위에 그려진 상징

그리고 그들은 '팔레스타인 사람들은 테러리스트이다'가 아니라 '왜 팔레스타인 사람들은 테러를 저지를까?' 하고 생각하는 걸 연습했다.

▶출처-Pittsburgh Middle East Peace Forum

참석시키기도 했다. 시인들은 문장을 쓰는 데 상당한 도움을 줄수 있는 능력이 있기 때문이다. 서구의 대표단 회담에서는 법조인이 그와 비슷한 역할을 한다. 정확한 언어 사용이 뭐 그리 중요한 문제냐고 생각하는 사람이라면 무장 군인을 밖에 대동하고 마호가니로 만든 책상 뒤에 앉아 있는 정부 부처 장관에게 "부패를 종식시켜야 한다" 하고 말하는 것과 "정부는 열려 있고 투명해야한다" 하고 말하는 것 사이에 어떤 차이가 있을지 생각해 보라. '부패'는 그 대안적 표현인 '투명성'이라는 개념이 큰 호응을 얻으면서 쌍방 외교 회담에서 더욱 일관되게 논의될 수 있었다.[14) 미국 대사를 지낸 맥도널드는 러시아와 '분쟁 해결'에 대해 논의하면서 러시아에서는 '분쟁 해결'이 정부의 물리력과 권력 행사를의미했기 때문에 실제적으로 번역 불가능한 말이라는 사실만 깨달았다고 말했다. 러시아인들은 대신 '분쟁학conflictology'에 대해이야기한다.[15)

메시지 해독하기

언어의 차이는 그저 어휘의 문제가 아니다. 메시지는 형식과 내용을 가지고 있기 때문에 그것을 수용하는 사람은 그 메시지를 바르게 해독해야 한다. 그러나 송신자와 수신자 사이에 문화적 차이가 클수록 송신자가 보낸 메시지와 수신자가 받은 메시지 사이의차이는 커진다.[16) 문화를 공유하는 사람들은 어느 정도 동일한 참조 틀을 가진다. 하지만 서로 다른 곳에서 온 사람들은 서로 다른

솔로몬제도, 두 문화가 충돌하다

해롤드 케케Harold Keke는 솔로몬제도에서 일어난 내전에서 신화적 지위를 획득한 전통 지도자다. 그는 마을 사람들 수십 명을 포함해 일곱 명의 영국 성공회 신부를 죽였거나 죽이라고 명령한 것으로 알려져 있다. 법과 질서를 회복하기 위해 지역 군인들이 도착했지만 해롤드 케케를 체포하여 재판에 회부하지 않고는 평화가 이루어질 수 없었다. 그런데 케케는 항복할 생각이 전혀 없었다. 자신이 체포되면 이 섬에 사는 누군가가 자신을 살해할 것이라고 믿었기 때문이다. 그러나 체포되면 헬리콥터로 오스트레일리아 배로 이송될 것이고, 그 안에서 재판을 받을 때까지 살아 있을 것이라는 사실을 알게 된 케케는 결국 항복했다. 재판을 받고 유죄로 확정된 뒤 그에게 어떤 일이 일어날지는 여전히 아무도 모른다.

솔로몬제도에서는 1920년대까지 일부 사람들에 의해 사람 사냥이 계속되었다. 해롤드 케케는 마을 지도자들을 해변가 모래에 목만 내놓은 채 파묻어 죽이는 테러를 자행했다. 해롤드 케케는 자기 조상의 풍습으로 되돌아가고자 했던 사람이었을 뿐이라는 주장도 있지만 그가 제정신이었는지 아니었는지를 판단하는 것은 어려운 일이다. 그는 과연 정신적으로 문제가 있던 사람이었을까, 아니면 그저 권력을 얻기 위해서라면 무엇이든 하는 정치인이었을까?

관점을 가지고 있을 것이다. 특히나 만약 그들이 내전에서 서로 다른 입장에 서 있다면 더욱 그렇다.

개별적 문화와 상호 의존적 집단 정체성을 강조하는 문화 사이의 차이는 크다. 집단적인 문화에서 소통은 맥락에 민감하게 반응한다. 즉 예절, 관계 형성, 배려와 우회성이 크게 강조된다. 이에 반해 개별적 문화는 맥락이나 개인적 관계는 강조하지 않고 메시지 자체를 강조한다. 소통은 직접적이고 명시적이며 수사나 암시, 복잡한 예절은 되도록 배제된다. 시간에 대해서도 서로 다른 태도를 지닌다. 서구 사람들은 엄격히 통제된 일정을 따른다. 서두르는 것을 미덕으로 삼으며 미래를 강조한다. 몇몇 비서구 문화권 사람들은 시간이 지속적으로 순환한다고 본다. 시간은 인간의 바람과는 상관없이 흘러가는 계절과 같다. 여기서는 인내가 미덕이며 과거가 현재에 영향을 미친다.

외교관들이 협상에 임할 때는 일반적으로 개인주의적이고 서구적이며 성급한 접근을 택한다. 사람들을 쟁점으로부터 분리시키고 효율을 중시하며 최대한 이익이 나는 결과를 추구하는 도구적인 방식은 인간관계를 중시하고 다급함을 신뢰하지 않는 문화에서는 매우 낯설게 느껴질 것이다.

어떤 것이 협상 가능하고 어떤 것이 그렇지 않은지는 문화적으로 결정되는 경향이 있다. 그럼에도 모든 국가들은 국가적 자존심과 거대 권력의 상징에 가치를 둔다. 특정한 상징이 서로 다른 감정을 낳을 수도 있다. 예를 들어 똑같이 영어를 사용하는 사람이라도 누군가는 자기 나라 국기가 그려진 속옷을 재미로 입지만 국기를 불태우는 것을 범죄 행위라고 생각하는 미국인들이 그 모습을 본다면 당황할 것이다. 협상에서 이전에 식민지였던 나라들은 평화유지군이나 순찰 목적으로 파견된 외국 군대에 특별히 민감할 수 있다. 특히 외국 군대가 이전의 제국주의 세력이라면 더욱 그러할 것이다. 그렇지 않더라도 최소한 그 같은 군대는 매우 익숙한 어떤 가치를 상징하는 것으로 보일 수 있다.[17] 협상의 단계마저도 문화적으로 결정될 수 있다. 사적인 관계에 높은 가치를 두는 집단들은 본격적인 협상이 시작되기 이전에 집단 사이에 풍부한 네트워크를 쌓는 경우가 많다. 하나의 예로 일본인은 실질적 논점은 전혀 제기하지 않은 채 한 사람 한 사람을 알기 위해 온 힘을 바친 미국의 한 협상자에게 감사함을 표했다. '낯face'을 강조하는 집단은 불확실성, 놀라움, 그리고 위기를 회피하려 한다. 그렇지 않은 집단은 새로운 요소들에 좀 더 개방되어 있다.

미국인들이 일본인이나 중국인을 경험한 결과, 서구의 협상자와 좀 더 오래된 문화권 협상자의 협상 방식에는 차이가 있다는 게 밝혀졌다. ■ 물론 가끔 유럽인들을 이 양극단의 가운데에 위치시킬 수 있다.[18] 예를 들어 아랍 사람들과의 협상에서 서구인들은 누구 편에도 서지 않는 아랍인 중재자를 사용하는 것이 나을 수 있다. 왜냐하면 대부분의 아랍 문화는 중립성보다 믿음에 더 가치를 두고 따라서 많은 아랍인들이 중립적인 외부인보다 편향적일지라도 내부인을 더 선호하기 때문이다. 아프리카에서 일어난 반란을 두고 협상을 벌일 때도 우리가 극도의 인내력을 가져야 한다는 사실 말고는, 비교할 만한 도표를 작성할 만큼 [아프리카에 대해] 충분히 많은 것을 알지 못한다.

열악한 경제 상황 때문에 종족 분규가 일어나는 곳에서는 가장 좋은 협상 전략도 가치를 발휘하지 못할 수 있다. 그럼에도 소외나 배제를 제거할 구조적 변화를 가져오기 위해 함께 일을 하는 것은 늘 가치 있는 일이다. 정치적인 의지가 있고 모든 사람들이 참여할

너무 다른 협상 방식

일반적으로 미국이나 서구의 목표 지향적인 협상 방식은 세계의 다른 곳과 비교해 볼 때 많이 다르다.

개인적인 서구 방식 (예: 미국)	집단적인 오래된 문화 (예: 중국)
본론으로 신속하게 이동	관계부터 확립
상대적으로 익명이며 비공식적임	개인적이며 공식적임
각 당사자는 차례로 발언	핵심 관계자가 우선 발언
열린 자세	상대편의 양보를 요구
사실에서 출발해 원칙으로 이동	원칙에서 출발해서 각 사례에 적용
세부 사항에 대해 흥정	세부 사항이 아니라 큰 쟁점들에 천천히 접근
분산된 권력	권력이 집중됨
공격적이고 인내하지 않음	세련되고 계산적임
'아니오'라고 단호하게 말함	'아마'나 '그러시지요'라고 말하면서 '아니오'라는 뜻을 전함
물질 제공에 최선을 다하면서 결론으로 압박해 감	물질보다 체면을 세워 주는 대안을 필요로 함
'올해'라는 식으로 각 단계에 초점을 맞춤	'향후 100년'이라는 식으로 전체 과정에 초점을 둠

수 있는 기회가 있는 곳에서는 보통 공동의 목표를 성취하려는 직접적인 노력이 앞으로 나아갈 수 있는 가장 좋은 방법이다. 무역을 재개하기 위해 유일한 항구를 다시 개방하는 것과 그 목표를 달성하기 위해 그 일에 필요한 건축 기금을 대는 후원자와 일하는 것이 적절한 예일 것이다. 이러한 일은 양 쪽 집단에 개인적으로 도덕적인 변화를 먼저 요구하기보다는 생산적으로 뭔가를 이룰 수 있게 해 준다.

많은 사람들이 중동에서 수자원 프로젝트를 통한 협력이 평화를 이끌어내는 데 도움을 줄 수 있다고 제안해 왔다. 이스라엘은 가자 지구의 팔레스타인 사람들에게 물과 전기를 팔되, 그 대가로 연안의 천연가스를 공급받고자 한다. 가자 지구의 천연가스에 대한 권리를 소유하고 있는 〈브리티시가스British Gas〉는 가스를 이스라엘에 35억 달러에 파는 방안을 모색하는 중이다. 이스라엘 천연가스 배급에 팔레스타인이 마지막으로 입찰했을 때 이스라엘 정부는 이집트로부터 천연가스를 사들이기로 마음을 바꿨다. 하지만 이제는 이스라엘과 팔레스타인 관계가 해빙기에 접어들었고, 따라서 이스라엘은 가자 지역에서 철수하기 전에 그 지역의 경제를 촉진시키는 데 더 깊은 관심을 갖고 있을지 모른다. 그러는 동안 이스라엘과 요르단은 홍해와 말라가는 사해 사이에 운하를 연결하는 데 동의했다.

발칸 지역 코소보의 경험을 돌이켜 보면, 우리는 그로부터 폭력의 고리를 끊는 여섯 가지 방법을 알 수 있다.

1. 정의를 회복하는 데 힘써라. 처벌도 물론 필요하지만, 재건할 수 있는 기회를 제공하고 죄가 없는 사람들이 떳떳하게 살 수 있도록 힘써라.
2. 정서적 치유법을 사용하라.
3. 관용을 베풀어라.
4. 과거에 대해 선을 그어라.
5. 사회·경제적인 발전을 용이하게 하기 위해 보상과 배상을 하라.
6. 대화를 통해 진실을 추구하라. 그러나 〈진실과화해위원회 Truth and Reconciliation Commission〉를 통하지는 마라. 코소보의 미래 지위가 결정되고 사람들이 진심으로 미래의 공존을 위한 발판을 마련하기 전까지 〈진실과화해위원회〉는 단순히 양편의 선전장으로 전락해 더 큰 분쟁을 초래할 수 있기 때문이다.

●**나토**(North Atlantic Treaty organization, NATO)─북대서양 조약기구. 제2차 세계대전 직후 공산권을 견제하기 위한 군사 동맹의 일종으로 1949년 탄생했다. 초기에는 유럽의 여러 국가와 미국, 캐나다를 포함한 12개국에서 시작했지만, 공산권이 붕괴된 이후 공산권의 일부 국가들을 회원국으로 받아들이면서 현재는 28개 회원국을 보유하게 되었다. 옮긴이

1996년 코소보에서 알바니아-코소보 분리주의자, 세르비아, 유고슬라비아의 보안군 사이에서 폭력 소요가 발생했다. 1999년 알바니아의 군인들이 세르비아 군인들과 코소보계 세르비아 민병대 세력과 싸우는 동안 나토가 유고슬라비아의 목표물을 폭격했다. 그때부터 일이 진척되지 않았다. 전쟁 범죄자들은 도피했다. 이번에는 세르비아인들이 전형적

인 폭력의 희생양이 되었다. 커진 적개심을 막기에 충분할 만큼 빨리 효율적으로 경찰 병력을 세우지 못했다. 〈유엔코소보임시행정부(UNMIK)〉는 지역 내 유엔 관계자에 대해 저지른 전쟁 범죄를 고소하는 일같이 시급히 해결해야 할 문제들을 위한 절차를 마련해 놓지 않았다. 너무나 많은 국제 비정부기구들이 문화적으로 적합하지 않은 트라우마 상담을 제공하기도 했다.

[비정부기구가 추진한] 이러한 프로젝트는 전쟁과 사별死別의 경험이 정신적 혼란을 낳는다고 전제한다. 이러한 전제 아래에서 사회적 네트워크나 지지 구조, 혹은 심지어 구해야 할 일자리나 돌아가야 할 집 따위를 재구축할 것을 요구하는 분노나 슬픔은 합리적으로 표출된 것이라고 해석되기보다는 상담 치료가 필요한 서구식 '트라우마'로 취급된다. 심리학자들은 총에 맞아 턱이 날아간 어떤 사람을 지목하면서 그가 '도저히 추스를 수 없는 분노'에 휩싸여 있다고 말하지만, 그 학자들이 과연 누구를 판단할 수 있을까? 몇몇 좋은 성과도 낳았다. 과거에 롬(집시)들을 공격한 군인들이 〈롬자원센터Rome Resource Center〉를 지었다. 알바니아인들과 세르비아인들은 도시에 공원을 다시 만들었다.

국제사회는 너무 느리고 때론 옳지 않은 일을 한다고 비난을 받아 왔다. 하지만 많은 코소보-알바니아인들도 마찬가지로 관용을 베풀지 않았고 다른 모든 종족 집단의 인권에 대해 아무런 신경을 쓰지 않았다. 종족성으로부터 떨어져 나와 그 대신에 성性, 세대, 그리고 직업에 초점을 맞춰 새로운 정체성을 다시 확립해야 한다는 주장이 힘을 얻고 있다. 양쪽 모두의 잘못된 행동을 인정하고

좋은 결과를 낳은 종족 분쟁

어떤 사람들이나 집단에게는 물론 전적으로 만족스러운 결과는 아니겠지만, 몇 몇 분쟁들은 전반적으로 볼 때 긍정적인 결과를 낳았다고 할 수 있다.

- 1971년 방글라데시가 국가로 인정됐다.
- 1988년 '마티뇽 합의'에서 뉴칼레도니아의 카나키 원주민의 권리가 인정됐다.
- 1992년 남아프리카공화국 아파르트헤이트가 종식되었다.
- 1992년 모잠비크에 평화가 정착됐다.
- 1990년대 독일, 터키 이민자들을 포함하는 시민권 개정이 이뤄졌다.
- 1998년 북아일랜드의 '굿프라이데이 협정'이 이뤄졌다.
- 2002년 동티모르(티모르레스테)가 독립했다.
- 2006년 아프가니스탄에 평화가 찾아왔다.(그러나 확실하진 않다)

자기편이 저지른 폭력을 반성하며 모두를 위한 인권과 가치를 간직하게끔 집단 기억을 만들어 가자는 운동 또한 전개되고 있다.[19]

> "당신의 적을 사방에서 에워싸지 마라. 누군가는 다칠 것이고, 그는 십중팔구 당신일 것이다."
> ─ 마오쩌둥Mao Zedong(1983~1976, 수백만 명의 죽음에 책임이 있는 중국의 지도자)

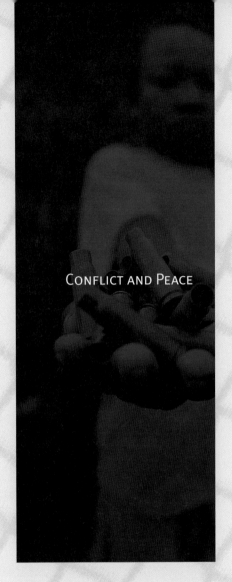

CONFLICT AND PEACE

외교관은 평화협상에서 어떤 역할을 수행하는가?
예방 외교란 무엇이며, 왜 중요한가?
외교 전략이 다양화되는 까닭은 무엇이고 각각의
전략은 어떤 기능을 수행하는가?

04

외교적으로 일하기

외교는 무역 규칙을 정하는 자리에서나 인권 협약을 위반한 곳에서 갈등을 예방하
거나 해결하는 데 여전히 주요한 역할을 한다.

17세기 영국의 외교관 헨리 우튼Henry Wooten은 이렇게 말했다.
"대사는 자국의 이익을 위해 거짓말을 하도록 파견된 정직한 사
람이다."

이러한 사실은 지금도 변함이 없다. 전통적인 외교는 정부 간의
상호 행위로 이루어진다. 전문 외교관은 자기 나라의 국익 증진을
위해 상대편 정부에게 자기 정부를 대신하여 말한다. 외교관들은
공동의 이익이나 평화를 촉진하는 것에는 별 관심이 없다. 그들은
상부로부터 내려온 지시가 담긴 '브리핑'에 기초해 말한다. 이를
통해 공식적인 입장이 정해지고 자국 정부가 수용할 수 있고 수용
할 수 없는 것이 전달된다. 외교관의 전기를 보면 알 수 있듯, 그
들도 경력이 쌓이면 자기 일의 범위를 확장하거나 때로는 새로운
협상안을 제안할 정도로 운신의 폭을 넓힐 수 있다.

많은 외교관들은 직업 관료이지만 어떤 경우에는 정치적인 고

려로 임명되기도 한다. 후자의 경우 외교
관은 종종 와일드카드로 기능해 본국의 정
책을 바꾸기 위해 정부에 직접 발언할 수
도 있고, 새로운 계획을 추진하기 위한 자
원의 할당을 보장할 수도 있다. 외교관이
거짓말을 하는 것을 원하는 서구의 정부
들은 그들이 어둠에 숨어 있는 것을 더 좋

●**와일드카드**wild card – 운동
경기에서 일반적인 참가 자격
을 갖추지 못한 선수에게 경기
기회가 주어지는 경우, 그 선
수를 '와일드카드'라고 부른다.
보통 우수한 성적이나 경력을
가진 선수가 해당된다. 옮긴이

아한다. 그 좋은 예로 전 유엔 주재 미국 대사 아들라이 스티븐슨
Adlai Stevenson은 1961년 쿠바의 피그스 만 침공을 결정한 미국 각
료 회의에서 배제되기도 했다.

사담 후세인과 같은 독재자들의 경우, 통치자의 관심사를 대표
하도록 가까운 친척이나 정치적으로 자기편에 선 사람을 외교관
으로 임명하곤 한다. 특히 사적인 재정 문제에서 그런 현상은 두드
러진다. 해외에 있는 동안 변절하는 것을 막기 위해서기도 하고 진
정한 국익을 고려한답시고 다른 정부와의 거래에 영향을 주는 것
을 막으려는 이유도 있다.

회담으로 생명을 구한다

외교는 가끔은 회담을 위한 회담인 것 같기도 한데, 정말 그런
경우가 많다. "외교관은 자신이 어떤 것에 관해 말하는지를 반드
시 이해할 필요는 없다"라는 속담도 있다. 하지만 외교관이 대화
를 지속하는 한 싸움을 저지할 수 있는 기회는 충분히 있다. 그리

고 가끔은 단지 회담을 하는 것만으로도 목숨을 구하는 것이 가능할 때도 있다. 예를 들어 몇 년 동안 분쟁 때문에 수많은 사람들이 목숨을 잃고 난 뒤 대화 창구가 열렸고 그로 인해 인명 피해가 눈에 띄게 줄어든 경우가 있다. 북아일랜드에서는 1994년 아일랜드 공화국군(IRA)이 폭력을 중지하기 전까지 매년 100명의 사람들이 목숨을 잃었다.[1] 그렇지만 그 후 7년간 목숨을 잃은 사람의 수는 총 100여 명에 불과했다. 그 7년 동안 600명의 생명을 구할 수 있었던 셈이다.

반면 1999년 중동 평화 협상이 깨지면서 최소한 700명의 인명 피해가 발생했다. 대화가 지속되었더라면 일어나지 않았을 피해다. 매년 사망자가 늘어나는 스리랑카 같은 나라에서는 협상이 지속되면서 대략 천 명에 가까운 사람의 목숨을 구할 수 있었다.

말 한마디가 중요하다

외부인들에게 외교관은 어휘 선택에 있어 사소한 차이에 연연하느라 엄청난 양의 시간을 허비하는 사람들인 것처럼 느껴지곤 한다. 그렇지만 분명 어휘 선택은 매우 중요하다. 이를 설명해 주는 좋은 예가 '학살'이라는 단어다. 어떤 행동이 유엔 체계 안에서 학살이라고 정의되고 나면 "집단학살방지및처벌에관한협약"에 서명한 136개 국가들은 집단 학살을 방지하고 처벌하기 위해 행동을 취할 의무가 있다.[2] 이는 반드시 이행해야 할 의무다. 무조건 행동해야만 한다. 그렇기 때문에 실제로 '학살'이라는 어휘를 사용하는 것을 극도로 꺼리게 된다. 실제로 수단의 다르푸르와 같은 경우를 놓고 많은 논쟁이 일어나기도 했다.

무차별 살해되는 사람들이 있는데도 사태에 개입하는 것을 꺼리는 국가들이 있다. 수단 사태에 개입함으로써 역으로 자국에 [외부 세력이] 개입하는 것을 정당화할 수 있다는 두려움이 있기 때문이다. 더군다나 수단 정부가 체결한 석유 거래 때문에 문제가 더욱 복잡해졌다. 예를 들어 중국은 수단 사태에 개입해 석유에 접근할 수는 있겠지만 그것은 곧 자기 뒷마당인 티베트에 외부 세력이 개입할 수 있는 근거를 제공하는 것이라 신경이 쓰이는 것이다.

위협 행위

사람들은 태연하게 전쟁이란 또 다른 수단의 외교에 불과하다고 말하곤 한다. 우리는 어떤 일이 일어났을지에 대해서도 알 수 없고 더 나은 외교가 전쟁을 방지할 수 있었을지에 대해서도 사실 알 수 없다. 가장 흔한 실수 가운데 하나는 한쪽을 위해 다른 쪽에게 신빙성 없는 경고를 전달하는 것이다. 어느 나라든지 상대방을 위협할 때는 지켜야할 의무가 있다. 믿을 만하고, 상대방이 그렇게 믿을 수밖에 없는 [확실한] 위협만을 가한다는 사실을 보장해야 하는 것이다. 예를 들어 1991년에 발발한 걸프전에서 사담 후세인은 미국이 개입하지 않을 것이라고 확실하게 믿었다. 에이프릴 글래스피 대사가 잘못한 것일 수도 있고 어쩌다 보니 그가 희생양이 된 것일 수도 있지만 어쨌든 외교에 있어 중대한 실수를 범한 것만은 분명하다.

이와 비슷하게 1차 세계대전의 경우, 모든 관련 국가와 지도자가 폭력이 발생하면 다른 나라들이 어떻게 반응할 것인지 혹은 누가 누구를 도와줄 것인지에 대해 현실적인 판단을 내렸다면 전쟁은 일어나지 않을 수도 있었다. 2차 세계대전도 마찬가지로 독일이 1차 세계대전에서 승리만 했더라도 발생하지 않았을 거라는 오래된 농담이 있다. 하지만 외교를 통해 이탈리아가 독일 편에 가담하는 것을 막을 현실적인 기회가 있었던 것만은 사실이다.

깃발과 붉은 얼굴들

1990년 캄보디아 평화협상 당시 어떤 집단이 우연히 적의 깃발 뒤에 앉게 되었다. 갑자기 몇몇 외교관들의 얼굴이 붉어졌고, 한 무더기 깃발을 휙휙 넘기더니 참가자 모두에게 테이블 뒤로 나오라고 소리 질렀다. 그 후 협상이 즉각 중단되었다. 그들은 적어도 테이블 모양에 대해서는 미리 동의를 했다. 머리와 꼬리가 있고 상대편과 정면으로 대치하는 직사각형 모양의 탁자보다는 원탁이 협정이나 합의에 더 도움이 되기 때문이다.

에이프릴 글래스피April Glaspie,1942~
전 이라크 주재 미국 대사. 걸프전이 발발하기 직전인 1990년 7월 25일, 글래스피 대사는 사담 후세인을 면담한 자리에서 미국이 아랍 간 갈등에 개입할 의사가 없고, 쿠웨이트 문제는 미국과 상관이 없다는 취지의 말을 해 암묵적으로 이라크의 쿠웨이트 침공을 지지한 것이 아니냐는 비난을 샀다. 후세인은 면담 뒤인 8월 2일 쿠웨이트를 공격했다. 옮긴이 외교에 있어서 상징이나 역할 수행은 매우 중요하다. 전 세계적으로, 팔레스타인 대표와는 이야기를 나눌 수 없거나 그 대표를 인정할 수 없다는 확고한 방침을 가진 서구의 외교관들이 있다. 하지만 그런 팔레스타인 사람들 중에는 오랫동안 외교관을 지내 최선임자로서 외교단장이 되는 경우도 있다. 그렇다면 해당 국가에

●**외교단장**Dean of the Diplomatic Corps—한 나라에 주재하는 여러 나라의 외교관들을 대표하는 지위에 있는 사람이다. 외교단장은 주재하는 외교관들 중 최상급의 최선임 공관장이 주로 맡고, 일부 가톨릭 국가에서는 교황청 대사가 우선권을 갖는 경우도 있다. 옮긴이

주재하는 각 나라 모든 외교관들을 대표하는 수장이자 단장인 그와 말을 섞지 않는 게 쉬운 일은 아니다. 유엔 주재 미국 대사 앤드류 영은 팔레스타인해방기구 참관인단 중 한 명과 커피를 마셨다는 이유로 공식적인 외교 규칙을 어긴 꼴이 되어 그 다음날 해고되었다는 이야기도 있다.

많은 분쟁에서 가장 중요한 질문은 실제적으로 나라의 정부를 누가 대변하느냐이다. 캄보디아, 중국과 타이완, 소말리아를 생각해 보라. '테러리스트'들은 그들이 정부를 구성하기 전까지는 단지 테러리스트일 뿐이다. 최근 남아프리카공화국 정부 구성원 대다수는 미국이나 영국에 의해 공식적으로 테러리스트의 목록에 이름을 올렸던 사람들이다. 아프리카에서 많은 나라들이 독립하면서 이전의 많은 테러리스트나 독립투사가 권력을 잡게 되었고, 그중에는 버킹엄궁전을 방문해 영국 여왕을 만난 사람도 있다.

매나헴 베긴이나 이츠하크 라빈을 포함한 몇몇 이스라엘 총리들은 이전에는 테러리스트로 지목됐던 사람들이다. 최근 '테러와

의 전쟁'의 성격 가운데 한 가지 특징을 꼽자면 테러리스트들은 정부를 바꾸고 나아가 궁극적으로는 세계를 지배하길 바라는 것은 맞지만 그들이 공격한 특정 나라의 정부를 떠맡기를 바라지는 않는다는 것이다.

일반적으로 외교관들은 공인된 정부 대표하고만 대화한다. 이러한 사실 때문에 반군이 권력을 잡거나 일부 지역을 장악한 경우에는 큰 어려움을 겪는다. 전 소비에트 연방, 전 유고슬라비아, 방글라데시, 그리고 동티모르를 제외하고는 큰 나라로부터 뛰쳐나와 국가의 지위를 획득한 최근의 사례는 거의 찾아볼 수 없다.

외교관은 지지를 받기 힘들다. 외교관들은 종종 동티모르가 인도네시아에서 독립하는 건 정당하지만 더 확실한 역사적 배경을 가지고 있는 서파푸아의 경우에는 그렇지 않다고 무표정한 얼굴로 말해야 할 때가 있다. 그러나 이들의 궤변은 어쩔 수 없는 것으로 인정해 줘야 한다. 몇몇 정부들은 체제로 인정받기도 하고, [독

매나헴 베긴 Menachem Begin, 1913~1992

이스라엘 6대 총리. 초창기 강경한 시오니즘의 입장에서 테러를 지휘하며 이스라엘 건국에 힘썼으며 1948년 이스라엘 건국 후 촉발된 네 차례의 중동 전쟁에서도 비타협적인 노선을 견지했다. 1973년 우익 연합인 리쿠드 당을 결성해 당수가 되었으며 1977년 이스라엘 총리로 취임했다. 1978년 미국 카터 대통령이 중재한 캠프데이비드 협정 이후 6개월 만에 이집트와 이스라엘 사이에 중동평화협정이 이뤄지는데, 베긴은 이 공로를 인정받아 이집트 안와르 사다트 대통령과 함께 1978년 노벨평화상을 수상했다. 옮긴이

이츠하크 라빈 Yitzhak Rabin, 1922~1995

이스라엘 5대, 10대 총리. 1993년 야세르 아라파트가 의장으로 있던 팔레스타인해방기구와 협상해 가자 지구와 웨스트뱅크 지역을 팔레스타인 자치 지역으로 선언하고 이스라엘 군대를 철수시키기로 합의, 이듬해 10월 오슬로 협정을 맺어 중동의 평화 시대를 연 것으로 잘 알려져 있다. 공로를 인정받아 1994년 노벨 평화상을 수상했고, 1995년 유대인 극우파 청년에게 암살당했다. 옮긴이

> "전쟁이 사람들의 마음속에서 시작되기 때문에 평화를 지키는 것 또한 사람들의 마음 속에서 구축되어야 하는 것이다."
> ─유네스코 헌장(1945)
>
> "테러를 최대한 뿌리 뽑을 수 있다는 생각에는 문제가 있다. 우리 역시 한때는 테러 리스트였다. 그러나 우리는 제거되지 않고 계속 테러 활동을 전개해 왔다. (…) 테러가 완전히 뿌리 뽑히는 그 순간을 두고 보겠다는 입장이라면 평화란 바로 우리 눈앞에서 아주 멀리 달음질쳐 버릴 것이다."
> ─레아 라빈(Lea Rabin)(이츠하크 라빈의 미망인), 1997년 9월 10일 한 라디오 방송에서

립된 국가로 인정받기도 한다. 쿠데타가 성공하는 사례가 늘자 더 많은 정부가 공인된 국가로 인정받을 수 있게 됐다. 정부의 합법성 은 피치자의 동의로부터 나온다는 원칙은 관철돼야 한다. 그러나 이러한 요구 조건은 너무 엄격한 면이 있어 많은 국가를 합법적인 정부가 없는 상태로 남겨 둘 수 있다.

이 게임에 규칙은 없다

전통적인 외교는 규정을 준수하는 나라들에서나 잘 통용된다. 그런데 주권 국가 안에서 벌어진 분쟁에서 관련자들이 기본적인 동의 없이 협상이라는 게임에 임하게 될 경우 전통적인 외교력을 발휘하기는 매우 어렵다. 그래도 체첸에서처럼 가끔은 내부 회담 이 내전을 막을 수도 있다.[3] 아니면 또는 부갱빌의 경우, 오스트레 일리아가 조기에 개입해 부갱빌에 더 많은 자치권을 보장하도록

파푸아뉴기니를 더 열심히 설득했더라면 국제 외교는 제법 효과를 발휘했을지도 모른다.

당파의 지도자는 기존의 나라, 혹은 독립한 나라의 지도자가 되기를 열망한다. 이는 알아 두어야 할 매우 중요한 사실이다. 앙골라의 경우 반군 〈앙골라완전독립민족동맹(UNITA)〉의 지도자 요나스 사빔비Jonas Savimbi는 자신이 대통령이 되고 이데올로기나 경제적인 이유를 들어 자신을 돕는 서구의 후원자가 생기기 전까지는 싸움을 멈추지 않을 태세였다. 2002년 그가 살해당하기 직전까지도 정부군과의 싸움은 계속됐는데, 부통령직을 제안했지만 별소용은 없었다. ▪

국가 지위의 가치

주권국가라는 현재의 국제적 체계 안에서 정부를 이끈다는 것은 독특한 가치를 갖는다. 인도나 중국에는 한 주의 인구만 1억 명이 넘는 경우도 있는데 어떤 주권국가의 인구보다 더 많다. 하지만 그 주의 수장은 틀림없이 몇 백만 명의 인구를 가진 한 국가의 정부 수장보다 훨씬 적은 권력을 가지고 있을 것이다. 모든 국가의 정부들은 시민의 수가 많든 적든 간에 유엔에서 한 자리를 차지할 수 있다. 뿐만 아니라 정부는 국가에 통제력을 행사해 어떤 거래를 성사시킬 수 있는 능력이 있으며 나라 전체를 하나로 만드는 권력을 갖는다.

때로 공식적인 외교는 전쟁에 쏟아지는 국제적인 지원을 끝내도록 합의를 이끌어 낼 때 결정적인 역할을 하기도 한다. 반란을 일으킨 집단이 외부 도움 없이 살아남는 것은 거의 불가능하다. 외부의 도움은 '약탈한' 자원을 외부에 파는 걸 수도 있고, 해외 거주민들이 송금하는 자금을 이용하는 것일 수도 있다. 어쩌면 이웃한 지역에서 보내 주는 원조금이 있을 수도 있다. 어쨌든 그 형태는 중요하지 않다.

■ 깊이 읽기

불난 집에 부채질?

포르투갈령 앙골라에서는 각기 다른 종족으로 이루어진 〈앙골라해방인민운동(MPLA)〉, 〈앙골라해방민족전선(FNLA)〉, 〈앙골라완전독립민족동맹(UNITA)〉 이렇게 세 조직이 독립 전쟁을 이끌고 있었다.

1975년 앙골라가 포르투갈에서 독립하자 세 종족 집단 간 분란이 싹트기 시작했다. MPLA가 소련과 쿠바의 지지를 업고 정권을 잡게 되자, 소련을 견제하려는 미국과 남아프리카공화국의 지원을 받아 UNITA가 내전을 일으킨 것이다. 27년간의 기나긴 내전은 강대국의 대리전 양상을 보이며 그렇게 막이 올랐다.

처음에는 냉전 종식을 계기로 1991년 평화협정이 맺어져 평화가 찾아오는 듯도 했으나, 이듬해 대선 결과에 승복할 수 없었던 UNITA는 다시 한 번 무력 투쟁을 전개했고, 1997년에 이르러서야 UNITA와 MPLA 사이에 통합 정부가 구성된다. 그러나 UNITA는 무장해제에 응할 수 없었고, 이에 정부군은 대대적인 소탕 작전을 실시했다.

2002년 UNITA의 지도자 조나스 사빔비가 교전 중 사망함으로써 앙골라 내전 사태는 일단락됐다. 앙골라 내전으로 50여만 명이 죽거나 다친 것으로 전해진다. 옮긴이

나쁜 이웃들

이웃 국가가 내란에 개입하는 것은 직접적인 경제적 이익이나 자국에 도움이 되는 무언가를 얻어낼 수 있다는 계산에서기도 하지만, 친연 관계에 있는 종족 집단을 돕기 위한 목적도 있다. 제아무리 치가 떨리는 반란군이라고 해도 나름의 전략적인 목적에서 지원을 보내 줄 인접국을 찾는 것이 어렵지는 않을 것이다.

그 좋은 예로 마을에서 아이들을 납치해 소년병이나 성 노예로 키워 북부 우간다를 공포에 떨게 만들었던 〈신의저항군(Lord's Resistance Army, LRA)〉에 수단이 지원한 것을 들 수 있다. 이 과정에서 우간다 정부는 반란이 계속되는 것을 방조하고 있었다. 정부와 군부 모두 반군이 북부를 장악한 혼란 상태에서 상당한 이득을 봤기 때문이다. 분쟁 덕분에 자본과 대부분의 국부가 집중된 남부의 정치권력 싸움에서 북부 지역을 배제할 수 있었던 것이다.

반란이 '탐욕 혹은 분노'에 의해 어느 정도로까지 촉발되는지에 대해서는 논란의 여지가 있다.[4] 많은 집단들은 정치적 과정에서 배제된 데에 대해 분노한다. 나아가 그들 스스로 살아가야 하는 가난한 나라에서 탐욕이란 살아가는 데 필요한 생필품을 최대한 아껴서 확보하는 것, 그 이상을 의미하지 않는다. 일리 있는 분노 때문에 반란이 촉발되는 곳에서 국제 외교는 해당 정부에 정부가 해야 할 일들을 하도록 압력을 가하는 역할을 수행할 수도 있다.

초기에 해결하다

이상적으로, 외교는 싸움과 죽음을 막아야 한다. '예방 외교'는 국가 사이의 심각한 분규를 저지하는 것을 말한다. 예방 외교는 분규가 심해지는 것을 막고 극심한 폭력이나 인권 탄압을 제한해야 하고, 분쟁이 지리적으로 널리 확산되는 것을 막아야 한다. 이러한 외교는 신뢰를 쌓는 일에서부터 시작된다. 이전에는 적대적이었거나 상호 의심을 하던 쪽과 정부가 함께 일하는 것에 익숙해져야 하기 때문이다.

물론 어려움은 있다. 예를 들어 정부 관료들이 연루될 경우, '예방 외교'가 국가 주권을 침해하거나 국정 간섭에 해당할 위험성을 갖게 된다. 1999년 〈아시아태평양안보협력회의Council for Security Cooperation in the Asia Pacific Region〉의 보고서에는 이러한 우려들로 가득했다. 그러나 인도네시아는 필리핀 정부와 〈모로민족해방전선Moro National Liberation Front〉 사이의 갈등 해소에 도움을 주었고, 〈아세안트로이카ASEAN Troika〉는 캄보디아 사태를 해결했다. 태국-말레이시아 공동 개발 지역의 경우도 마찬가지 역할을 했다. 공동 개발 지역은 태국과 말레이시아의 영토 분쟁 지역에

● 〈아시아태평양안보협력회의〉 -1993년부터 아시아·태평양 지역을 중심으로 한 비정부 민간 차원의 대화체로 해당 지역 국가들 간 신뢰 구축과 안보 협력을 위해 만들어졌다. 연구와 정보 교환, 정책 제안이 주다. 옮긴이

● 〈모로민족해방전선〉-필리핀 소수민족 모로족으로 구성된 분리 독립 단체로 이슬람교도들이 모여 사는 민다나오 섬과 술루제도를 지역 기반으로 하고 있다. 필리핀의 종교차별 정책에 반발하며 식민지 시대 때부터 지속적인 저항 운동을 조직해 왔다. 1976년 체결된 평화협정으로 모로족의 자치권이 인정되기 전까지 5만여 명의 사망자가 발생한 것으로 추산된다. 옮긴이

● 〈아세안트로이카〉─〈동남아
시아국가연합(ASEAN)〉에 가입
한 나라들 중 이전 의장국과 현
재 의장국, 차기 의장국으로 구
성된 비상설 기구로 평화와 안
전을 위협하는 위기 시 소집되
어 운영된다. 1997년 캄보디
아에서 훈센의 쿠데타가 발생
하자 당시 ASEAN 가입을 추
진하던 캄보디아를 압박하면
서 문제를 원만히 해결할 수
있었다. 캄보디아는 1999년
ASEAN에 가입했다. 옮긴이

서 양국의 공동 발전을 도모함으로써 갈
등을 막으려는 목적에서 설치됐다.

무엇보다 예방 외교가 충분히 빠른 시
기에 이루어진다면 상당한 효과를 발휘
해 양쪽의 목숨을 구할 수 있을 뿐만 아니
라 돈도 절약할 수 있다. 그러면 그 돈을
아껴 인도적인 원조와 사회 기반 시설을
재건하는 데 사용할 수도 있다. 이를 입증
할 만한 근거는 무궁무진하다.[5]

나라 안의 여러 집단이 협력하여 행동
할 필요가 있는 곳에서 외교는 꼭 필요한
접착제와 같은 역할을 한다. 가령 경제적 제재 조치를 가하고자 할
때 국가 간 광범위한 이익들을 다루는 게 얼마나 힘든 일인지가 드
러난다. 특히나 이때 자국의 경제적 복리에 해가 되는 제재 조치를
강요받는 나라들도 있다. 최소한 교전 중의 나라나 그 내부의 여러
파벌에 무기를 공급하는 것은 반드시 금지돼야 한다. 그렇지만 무
기 거래를 하는 나라들은 이에 개의치 않을 것이다. 앙골라 내전은
미국의 외교적 실패와 공산주의에 대한 두려움 때문에 몇 십 년 동
안 지속되었다.[6] 무엇보다도 오늘날 가장 큰 외교적 실패는 이스
라엘과 팔레스타인 사이에서 평화를 구축하지 못한 것이다. 유엔

> "평화를 만드는 사람은 상처를 입는 경우가 많다."
> ─베닝, 나이지리아, 토고 등지에 사는 요루바족 속담

총회에서 관련 투표가 있을 때마다 이스라엘과 미국 두 나라만 항상 독자 노선을 걸었던 정황에서 그 무능력을 확인할 수 있다.[7]

군축에 관한 협상은 아주 복잡하면서도 지루하게 이어진다. 국가나 집단이 무기를 내려놓으려면 여러모로 아주 높은 신뢰가 구축되어야 한다. 우선 군축 이전에 어떻게 하면 처음부터 사람들이 무장하지 않도록 할 수 있을까를 생각해야 한다. 새롭고 구체적인 예를 한 번 들어 보도록 하자. 어떻게 하면 테러리스트가 핵 공격을 위해 필요한 물자에 접근하지 못하게 할 수 있을까? 오직 협력적인 국제 외교만이 누가, 어디에서, 언제, 어떻게 그들을 멈추게 할 수 있을지를 알게 해 준다.

발칸의 실패

유고슬라비아의 붕괴는 예방 외교의 실패를 분명히 보여 준다.[8] 평화를 만들고자 하는 시도가 성공하지 못한 것이다. 그 이유는 서구가 '통합'과 '민주화'라는 두 개의 양립할 수 없는 가치를 한꺼번에 원했기 때문이다. 결국 경제 원조를 끊겠다고 한 서구의 위협은 실패했다. 서구의 위협은 그럴 듯하지도, 통합돼 있지도 않았기 때문이다. 그리고 교전 당사자들은 경제보다 물리적 안정과 집단 정체성을 더 우선적으로 염두에 두고 있었다. 더 중요한 실패의 원인은, 논란이 되고 있긴 하지만 종족 갈등에서는 치유가 예방보다 더 쉽다는 사실에 있다.

종종 무시되긴 하지만, 독재자들에게 체면을 세울 수 있는 출구를 제공하는 것도 예방 외교의 한 가지 방법이다. 이를 통해 사전에 폭력이 발생하는 것을 막을 수 있고 또 발생한 폭력을 종결시킬 수도 있다. 내전에서 승리를 거둔 나이지리아의 장군 야쿠부 고원Yakubo Gowan이 이런 외교를 시험한 적이 있다. 그는 들뜬 젊은 장교들에게 "쿠데타를 일으키려거든 적어도 내가 나라에 없을 때 해라. 그래야 아무도 죽지 않을 것이다" 하고 말했던 것이다.

독재자들이 심지어 [싸움을] 그만두고자 할 때에도 어려움은 있다. 독재자들이 느끼는 곤란은 그가 국내에 그대로 남아 있게 될 때, 승리한 상대편이 그와 그의 가족을 죽이려 들고 재산마저 몰수해 갈 것이라는 사실에서 온다. 그래서 독재자들은 면피할 다른 곳을 찾는다. 예를 들어 우간다의 독재자 이디 아민Idi Amin은 1989년 국외로 망명했는데, 2003년 죽기 전까지 사우디아라비아에서 소일거리로 여생을 보냈다. 반갑지는 않더라도 독재자들이 도피할 수 있는 장소를 마련해 주는 것은 외교에서는 유혈 사태를 막는 차원에서 아주 가치 있는 일 가운데 하나일 수 있다. 차후에 그 독재자들에게 공식적으로 죄를 묻는 국제적이고 합법적인 조치를 취할 수 있는 데다가 그들이 위법으로 획득한 재산을 회수하는 절차도 밟을 수 있다.[9]

예방 외교가 충분하지 않을 때는 강경 외교를 행할 수도 있다. 전미 국무장관인 조지 슐츠George Shultz는 "힘이 뒷받침되지 않은 외교가 비효율적이라는 것은 엄연한 현실이다"라고 주장했다. 한편 스탠포드 대학교의 명예교수 알렉산더 L. 조지 역시 이렇게 말한다.

"일반적으로 강경 외교란 상대방이 요구 사항을 따르지 않을 수 없을 만큼 불이행 시 감수해야 하는 처벌이 충분히 힘이 있고 믿을 만한 것이라는 위협을 통해 요구 사항이 실현되게끔 하는 것이다."[10]

2차 세계대전에서 진주만 전쟁도 일본이 중국에서 철수하지 않을 경우 미국이 석유 수출입을 금지하겠다고 위협한 결과였다. 그러나 1962년 쿠바 미사일 위기에서는 소련이 탄도 미사일을 철수함으로써 조용히 끝나기도 했다. 이러한 강경 외교는 서방 세계가 기대하는 대로 반응하리라 예상해 볼 수 있는 상대에 한에서만 효과가 있는 전략이다. 예를 들어 이러한 방식은 북한과는 당연히 맞지 않고 또 다른 변수를 가지고 있는 나라에도 적용되지 않는다.

오늘날 세계는 여전히 외교로 효과를 볼 수 있는 많은 상황들이 존재하는데 중동이나 아프리카 지역이 특히 그렇다.

외교의 길

이미 앞에서 말한 것처럼 대부분의 무력 분쟁은 더 이상 나라 사이의 전쟁이 아니라 한 국가의 경계 안에서 일어난다. 1987년까지 주요 분쟁 가운데 국경을 넘어 발생한 분쟁은 단지 4건뿐이었다. 나머지는 내전 혹은 독립 쟁취를 위한 내부 싸움이었다. 그로부터 10년 동안 전면적 국제 전쟁은 일어나지 않았고, 다만 24건의 내전만이 발발했다. 유엔 헌장은 특별히 주권국가 내에서 일어난 분쟁에 개입하는 것을 금하였는데, 그렇다고 중재를 하기 위한 대안적인 정부 간 조직이 존재하는 것은 아니다. 유엔 대행 기관과 비정

분단된 민족

오늘날 대부분의 분쟁은 나라와 나라 사이에 일어나는 것이 아니라 한 나라 안에서 서로 다른 집단 사이에 일어난다. 이러한 충돌은 보통 정부 혹은 영토의 통제와 관련된다. 1989년 이래로 분쟁은 분리 갈등의 경향을 보여 왔다. 폭력은 사하라 이남 아프리카 지역에서와 같이 불안정한 정부나 천연자원을 둘러싼 분규와 같은 문제를 놓고 터지기도 하고, 국경이나 이데올로기, 종교의 차이를 두고 벌어지기도 하며, 이전엔 소련에 속했던 나고르노-카라바크, 조지아, 코카서스 북부, 몰도바, 타지키스탄에서와 같이 종족적 긴장 때문에 일어나기도 한다. 세계에서 가장 전쟁이 많이 일어나는 지역은 여전히 중동이다. 이 지역의 거의 절반 이상이 전쟁에 휘말려 있다. 또 다른 분쟁 지대는 북한-남한, 중국-타이완, 중부 아프리카, 카슈미르 그리고 카스피해 지역이다.

무력 분쟁이 발생한 나라들의 대륙별 분포

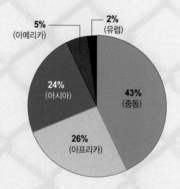

▶출처—Project Ploughshares

부기구들은 경제적이고 인도적인 원조는 제공할 수 있지만 그것도 권력을 갖는 국가 정부의 암묵적인 승인이 있을 때만 가능하다. 그러나 슬프게도 이러한 원조의 대부분은 분쟁의 근본적 원인을 해결하는 데 아무런 역할도 할 수 없으며 게다가 그 원조가 공평하게 적용되지 못하는 경우에는 오히려 해를 끼칠 수도 있다.[11] '트랙1' 외교, 즉 정부 대 정부 사이에서 외교적 노력은 근본적 원인을 해결하기 위해 만들어진 것이 아니고 현존하는 힘의 균형을 다루기 위해 만들어진 것이다.[12] 그리고 많은 경우에 '외교'란 외교 사절들과는 아무런 관련이 없다. (130쪽, "트랙을 따라가는 외교"에서 소개된 다른 접근법들도 살펴보기 바란다.)

검은 넥타이와 진-토닉이 상징하는 격식을 갖추는 트랙1 외교와는 달리 트랙2는 격식에 얽매이지 않는 것으로 시민 집단 사이에 분노, 공포, 긴장을 누그러뜨리고 소통과 상호 이해를 개선시킴으로써 불화를 줄이는 것에 목적을 둔다. 일단 사태를 조정해야 한다는 쪽으로 공론이 모아지면 트랙2는 조약에 합의하도록 지혜를 총동원하고 발품을 팔아 트랙1으로 가는 길을 닦는다. 이러한 예로는 지뢰 사용을 금하는 조약이나 소년병을 양산하는 소규모 전투 부대의 확산을 금지하는 조약 등이 있다.[13]

또 다른 예로는 천연자원을 착취, 고갈시키는 다국적기업에 "어디에 돈을 대고 있는지 밝혀라" 하고 압박하는 캠페인을 들 수 있다. 이를 통해 정부나 반군들의 자금줄이 드러날 수 있다.[14]

전쟁의 성격이 변하고 그에 따라 평화의 성격 또한 변했기 때문에 외교 역시 변하는 것이 당연하다. 다양한 사건에 외교력이 발휘

트랙을 따라가는 외교

분쟁을 끝내기 위해서 사람들은 몇 가지 주요 단계들을 거처야 한다.
- 트랙1: 정부 대 정부의 공식적인 상호 외교 활동
- 트랙2: 문제를 해결하고 정책을 입안하기 위해 정보통인 데다 잘 숙련되어 있고 경험 많은 민간인을 투입하는 비공식적, 비정부적, 분석적인 노력
- 트랙3: 기업 대 기업, 민간 부문, 자유기업, 다국적기업의 상호작용
- 트랙4: 시민 대 시민, 즉 과학이나 문화, 학술 행사나 학생 교류 같은 모든 종류의 교환 프로그램
- 트랙5: 미디어 대 미디어, 분쟁 중에 있는 사람들이 서로의 생각, 문화, 욕구를 이해하도록 교육하는 작업
- 트랙6: 교육과 훈련
- 트랙7: 평화 행동
- 트랙8: 종교
- 트랙9: 자금 마련
  (트랙10 : 평화를 촉진시키기 위한 인터넷 사용)

뒤따르는 국면들
1. 주제 탐구와 자아 탐구
2. 분석과 대입
3. 실행
4. 이탈과 그 여파

▶출처－L. Diamond and J. MacDonald, *Multi-Track-Diplomacy: a Systems Approach to Peace*, 1991에 기초함.

된다는 뜻이기도 하지만 외교의 내용에 있어서도 변화가 있을 수밖에 없다는 말이다. 오늘날 외교관들은 무역 관련 쟁점에 대부분의 시간을 쏟는다. 공식적이고 합법적인 틀에서 그 끝에는 〈세계무역기구〉와의 협상 같은 문제가 있지만, 다른 쪽 끝에는 반군들이 무기를 마련할 돈을 확보하기 위해 사용하는 다이아몬드," 광

■ 깊이 읽기

블러드 다이아몬드와 킴벌리 프로세스의 탄생

아프리카, 특히 시에라리온, 앙골라, 라이베리아, 콩고, 짐바브웨 등의 국가들은 내전 기간 동안 다이아몬드 밀거래를 통해 전쟁 자금을 충당했다. 다이아몬드를 채굴할 때는 강제 노역과 아동 노동을 포함해 각종 인권 유린과 환경 파괴 문제를 낳았다. 이처럼 분쟁 중인 지역에서 생산돼 독재자나 군벌 등의 전쟁 비용으로 충당되는 다이아몬드를 '블러드 다이아몬드(Blood Diamond)'라고 부른다. 2006년 에드워드 즈윅 감독이 다이아몬드 광산을 둘러싸고 벌어진 시에라리온 내전의 양상을 〈블러드 다이아몬드〉라는 영화에 담기도 했다.

블러드 다이아몬드에 대한 비난 여론이 거세지면서 다국적 다이아몬드 업계를 중심으로 자정 노력이 시작됐다. 결국 2000년 5월 남아프리카공화국의 다이아몬드 광산 밀집 지역인 킴벌리에서 다이아몬드 거래 투명성을 확보하는 방안으로 킴벌리 프로세스Kimberly Process의 초안을 만든다. 다이아몬드가 비분쟁 지역에서 생산되었음을 증명하는 인증 체계를 만든 것이다. 킴벌리 프로세스는 2002년부터 구축되어, 2003년 1월부터 40여 개국의 다이아몬드 수출국과 수입국을 회원국으로 하는 협약이 공식적으로 발효되었다. 한국 역시 2003년부터 킴벌리 프로세스에 참가하고 있다. 2009년 현재 회원국은 75개국으로 확대되었다. 옮긴이

물, 목재, 석유와 같은 불법적 거래를 차단시켜야 하는 일이 있다. 반군들이 잔인하고 무원칙적으로 보인다면, 다이아몬드를 비롯한 다른 물건들을 구입하는 쪽도 마찬가지로 피 흘리는 싸움에 동참하고 있는 것이다.

"비리 폭로" 역시 가능하다. 이를 통해 제재 조치가 발동되고 있거나 인권이 유린되고 있는 나라들, 이를 테면 앙골라, 시에라리온, 라이베리아, 아프가니스탄, 콩고민주공화국, 소말리아 같은 나라들에서 벌어지는 기업 활동을 부각시킬 수 있다.(예를 들어, 앙골라에서는 〈드비어스De Beers〉가 다이아몬드를 채굴하고 있다.) 비리 폭로 전략을 쓰면 평판을 유지하려는 몇몇 나라들이나 국제기업들은 철수할 것이고 시민사회는 철수하지 않는 기업들을 타깃으로 정보를 나누어 가지면 된다. 이러한 전술은 바로 큰 영향을 끼칠 수도 있고 트랙1 외교로 돌아가 공식적인 협상을 이끌어 낼 수도 있다.

서로 다른 유형의 외교는 각각 다른 상황에서 유용하게 쓰인다. 세계 인구가 늘어나고 서구식 과소비가 확산되면서 천연자원이 남용된다. 예를 들자면 수자원 문제는 지속적으로 긴장과 분쟁을 일으키는데, 해결을 위해서는 협상안이 필요하다. 최근의 트랙2 외교로는 적대 관계에 있는 인도와 파키스탄의 과학자와 학자들이 함께 일한 사례를 들 수 있다. 그중 한 사람은 카라치 시에 있는 아가 칸 대학 병원에서 온 소아과 교수였는데, 그는 낙태 금지나 에이즈 확산 예방 문제와 관련하여 인도 동료들과 일할 수 있었다. 우리는 이러한 경험으로 두 나라 간에 정치적 변화나 평화를 만들어 낼 연대감을 형성할 수 있을 것이라고 굳게 믿는다.

그렇지만 여전히 현실 문제는 엄중하다. 정부는 군대에 몇 백만 달러를 쏟아부으면서도 분쟁을 예방하기 위한 자금 투자에는 극도로 인색하다. 다른 나라에 군사력을 제공하는 정부 역시 마찬가지다.

볼리비아와 칠레의 국경 분쟁은 수많은 혁신적인 해결책들을 내놓는 계기가 되었다.(134쪽, "볼리비아-칠레 국경 분쟁" 참고) 평화 이론가인 요한 갈퉁Johan Galtung은 분규 지역을 분규 당사국 어디에도 포함시켜서는 안 된다며 국제적 자연보호 구역에 포함시킬 것을 제안했다. 마우리시오 리오스Mauricio Rios와 스콧 피셔Scott Fisher는 분쟁 해결을 위한 도구로, '장점 탐구appreciative inquiry'를 실행할 것을 제안했다.[15] 장점 탐구는 긍정적인 면을 발견하는 기술인데, 해결책을 찾기 위해 D로 시작하는 네 단어, 즉 Discover(발견), Dream(꿈), Design(설계), Delivery(실현)를 순환하는 방식으로 이루어진다. 또 다른 의견도 있는데, 〈볼리비아트로츠키당Bolivian Trotskyist Faction〉이 제기하는 것으로 무엇보다도 두 나라의 노동자 간에 연대가 필요하다는 것이다.

분쟁의 한쪽 당사자가 변화를 추구할 만한 이유를 가지고 있는 것처럼 또 다른 편은 그만큼이나 강력하게 현 상태를 유지하고자 하는 동기를 갖고 있다. 그러면 확실히 상황은 어려워진다. [두 집단의] 예비 회담을 열어야 할 필요성에도 합의할 수 없기 때문이다. 이와 유사한 상황으로, 힘이 훨씬 강력한 정부가 분리 독립을 주장하는 반군 집단과 협상할 만한 아무런 이유를 발견하지 못할 때

볼리비아-칠레 국경 분쟁

1879년 칠레는 [남미] 태평양 전쟁이라고 불리는 볼리비아와의 분쟁에서 이겨 19만 2천 제곱킬로미터 상당의 땅과 약 4백 킬로미터의 해안선을 확보하게 되었다. 그 때부터 볼리비아 사람들은 그들이 바다로 접근할 수 있었던 유일한 통로인 아타카마 사막의 해안 지대를 빼앗기게 되었고, 이에 분노가 극에 달했다.

- 2003년 10월, 칠레를 통해 천연가스를 [미국으로] 수출하겠다는 계획은 [시민들의] 반대에 부딪혔고 볼리비아 대통령[산체스 데 로사다 대통령]이 사임하게 된다.
- 대통령직을 승계한 [부통령] 카를로스 메사Carlos Mesa는 태평양으로의 접근을 통한 주권 회복을 정부의 최우선 외교 정책으로 삼았다.
- 칠레와의 무역 협상은 취소됐고, 메사는 내륙국이 된 볼리비아의 지위 문제를 계속 미루기만 하면 "볼리비아의 민주주의를 위협"해서 "지역을 불안정하게" 만들 수 있다고 말했다.
- 유엔의 사무총장 코피 아난, 멕시코의 대통령 빈센트 폭스 그리고 전 미 대통령 지미 카터가 중재에 나섰다.
- 유럽 의회, 베네수엘라 대통령 우고 차베스, 아르헨티나 대통령 네스토르 키르츠네르, 그리고 바티칸도 원조의 뜻을 밝혔다.

그러나,

- 칠레 관료들은 자신들이 볼리비아의 경제발전을 방해한다는 사실을 부인했다.
- 칠레 관료들은 1904년의 강화조약에 따라 칠레 북부 아리카 항까지 [볼리비아가] 면세로 접근할 수 있다고 말했다. 아리카 항에서 볼리비아의 수도 라파즈까지, 칠레 자금으로 구축한 철도가 연결돼 있다.
- 칠레는 두 나라 양방이 해결해야 할 문제가 되기를 바란다. 왜냐하면 국제적인 개입이 이루어지면 협상을 강요할 것이기 때문이다.
- 칠레의 대통령은 무장 세력과 부풀려진 애국주의와 관련된 정치적 권리를 억제해야 한다는 요청을 받았다.
- 레이건 대통령과 카터 대통령은 볼리비아를 지지했으나 조지 W. 부시 대통령은 지지하지 않았다.

▶출처-James Langman, *The Washington Times*, 28 March 2004

도 있다. 예를 들어 프랑스와 코르시카, 그리고 에스파냐와 바스크의 경우를 들 수 있다.

'재해 외교'

예방 외교의 최신판은 '재해 외교'다. 정말 그렇다. 재해가 촉매의 역할을 할 수 있다는 생각이다. 거대한 참사는 사람들의 관점과 우선순위를 변화시킬 수 있고 그들을 협상하게 만들 수 있으며 새로운 것을 시도해 보도록 만들 수 있기 때문이다. 재해 외교는 1999년 그리스와 터키에서 일어난 지진이나 미국과 쿠바를 강타했던 허리케인, 1991년과 1993년 사이 아프리카의 기근 이후 상호 간에 나타난 인도적 움직임에 영향을 끼쳤다.

무엇보다도 2001년 인도 서부 구자라트 지진이 좋은 예다. 지진이 일어난 이후 인도는 생존자를 찾기 위한 탐지견을 제공하겠다는 파키스탄의 제의를 승낙했다. 이로써 파키스탄과 인도는 더 가까운 관계가 되었는데, 인도는 파키스탄이 제공한 텐트와 담요를 감사히 받기도 했다. 그리고 그 과정에서 양 쪽은 대화를 나누면서 미묘한 뉘앙스를 배우게 되었다. 재해, 혹은 재해의 조짐은 국가

●코르시카corsica─지중해에 위치한 코르시카 섬은 이탈리아 도시국가 제노바 공화국에 귀속되어 있다가 18세기 베르사유 조약을 통해 프랑스로 지배권이 넘어가게 된다. 이후 대표적으로 〈코르시카 민족해방전선(Front de Liberation Nationale de la Corse, FLNC)〉이 분리 독립을 주장하며 최근까지도 강경한 폭력 투쟁을 계속하고 있다. 옮긴이

●바스크Basque─스페인 북부와 프랑스 남부 피레네 산맥 주변에 위치한 자치구. 주민 대부분은 바스크인이며 2차 세계대전 이후부터 강력하게 분리 독립을 주장해 왔다. 1979년 자치권을 인정받았다. 옮긴이

사이에 협력을 강화시킬 기회를 제공할 수 있다. 그렇지만 재해 외교는 적대국들이 가뭄이나 홍수 같은 공통의 재난에 직면했을 경우나 아니면 재난을 입은 국가와 재난을 피해 간 원조 희망국이라는 구도가 성립했을 때만 통용된다. 이때 원조가 외교적 동기에서만 이뤄진다면 인도주의적 대응의 보편성 문제가 제기될 수 있다.

재해 외교에 대한 미국 정부의 믿음은 2004년 겨울, 10여 개의 나라에서 20만 명이 넘는 희생자를 낸 쓰나미에 대한 대응을 통해 알 수 있다. 그렇지만 사실 미국의 원조는 전략적으로 중요한 나라에 맞추어 진행된 것이 사실이다. 미국의 재해 외교가 이미 망가진 경제에 홍수와 가뭄이 더해져 기아로 고통 받는 북한으로까지 확대되는 것만 봐도 알 수 있다.

중국과 타이완은 자연재해 없이도 공동으로 재건 프로그램을 작동하는 경험을 쌓으며 서로 가까워졌다.

이런 경험을 통해 우리는 재해와 환경 관리, 국제 발전과 국제 관계가 아주 밀접하게 연계되어 있음을 알 수 있다. 따라서 한 지역의 분쟁을 어떻게 최소화할 것인가에 대해 고민할 때는 모든 것들을 고려할 필요가 있다. 참사를 바라는 사람은 아무도 없을 테지만 일단 그런 일이 발생하면 모든 외교적 트랙을 동원해 되도록 최대의 긍정적인 결과를 도출하고자 해야 한다.

수단과 목적

일반적으로 외교로는 갈등의 근본적 원인을 해결할 수 없다고 한다. 이는 사실이다. 그러나 근본적 원인을 해결하는 데는 시간이 걸리는 반면, 지금 이 순간에도 학살은 일어나고 있다. 내일, 그리고 모레도 역시 사람들은 죽을 것이다. 바로 이것이 싸움을 멈추기 위해 개입해야 하는 이유다. 그 개입은 심지어 일시적이고 제아무리 피상적이라고 해도 추구해야할 가치가 있다. 삶에서처럼 평화를 만드는 일에도 실수가 있을 수 있다. 즉, 일을 합리적으로 처리하려는 생각만 가지고 가장 가능성 있는 결과만 추구하는 우를 범할 수 있는 것이다.

'구조적 폭력'은 평화 건설자peace-builders들이 만든 말이다. '구조적 폭력'은 차별받는 사람들이나 가난한 사람들, 문맹자들, 그리고 병자들이 매일매일 경험하는 것이다. 어떤 관점에서 보면 정의를 이루어 내거나 구조적 폭력이 멈추기 전까지는 평화가 달성되었다고 보기 힘든 게 사실이다. 그러나 극도로 가난한 개인이나 국가의 관점에서 보면 평화로운 상태에서 가난한 것이 그나마 낫다. 사람들을 기꺼이 죽이고 강간하고 불구로 만들며 아이들을 데려다가 소년병으로 만들 준비가 된 정부군이나 반군들, 그러한 약탈적 무리들의 지배하에서 가난한 것보다는 낫다는 말이다. 외교는 아프리카 대호수 지역에서 국경을 넘나들며 일어나는 침략 행위나 중국해에 출몰하는 해적들의 활동을 저지하기 위해 직접적으로 노력할 뿐 아니라 지뢰의 사용이나 소년병 징집을 금지하는 국제적으로 인정받는 규범들을 만들어 내는 작업까지 수행한다는 점에서 매우 실제적인 행위다.

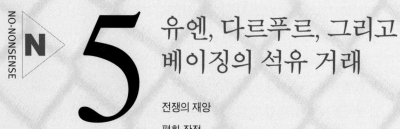

NO-NONSENSE

N ▶ 5

유엔, 다르푸르, 그리고
베이징의 석유 거래

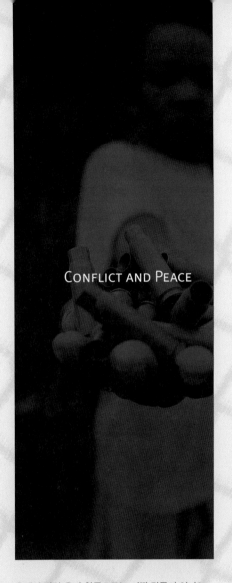

CONFLICT AND PEACE

유엔의 평화 유지 활동으로는 어떤 것들이 있나?
유엔의 활동을 가로막는 건 무엇인가?
전 세계의 평화유지군은 각자 어떤 역할과 임무를
띠고 활동하는가?

05

유엔, 다르푸르, 그리고
베이징의 석유 거래

냉전 시기에 크게 무시당했던 유엔의 평화 유지 사업은 기존 평화협정을 수호하는 것에서 나아가 평화가 전혀 이루어지지 않는 곳에 평화를 정착시키려는 더 야심 찬 작업으로 옮겨 갔다.

만약 폭력단 두 무리가 길거리에서 서로에게 총질을 하면 누구든지 경찰이 거기에 개입하여 그 싸움을 막아야 한다고 생각할 것이다. 마찬가지로 두 나라가 그렇게 서로 싸움을 하면 우리는 유엔이 정전협정을 이끌어 내고 그곳에 평화유지군을 파견하리라 기대한다. 그렇지만 이러한 생각은 비교적 최근에 생긴 것이다. 2차 세계대전 전에는 유엔이라는 것이 없었다. 두 차례의 세계대전 사이에는 국제연맹League of Nations이 있었으나 이빨 빠진 호랑이 격이었으니, 히틀러가 폴란드를 침공할 때도 철도를 수리하는 문제로 논쟁했을 뿐이었다.

1차 세계대전 전에는 어떠한 방식으로도, 누구도 국제경찰과 같은 역할을 맡지 않았다. 그래서 기대할 수 있는 외부적 개입은 오로지 교전 중인 두 당사국이 싸움을 멈추도록 압력을 행사할 더 강력한 정부의 개입뿐이었다. 물론 식민 세력의 침입이 평화 유지 활동으로 정당화되는 경우도 많았다. 예를 들어 '팍스 브리타니카'라는 말은 땅따먹기 놀이로 전락하기 훨씬 이전부터 영국의 제국주의적 야망을 담고 있었다. 실제로 1차 세계대전에 그 끔찍한 참호전이 일어나기 전부터 많은 사람들은 전쟁을 찬양했고, 평화를 무시했다.

전쟁의 재앙

유엔의 최우선 임무는 2차 세계대전 직후 규정된 바, "인류 후손을 전쟁의 재앙에서 구하는 것"이었다. 그렇지만 처음 시작할 때부터 유엔은 "이중적이고 상호 충돌하는 규정" 때문에 큰 어려움을 겪었다. 즉, 세계 모든 인민의 이익을 최대한 실현시키기 위해 일하면서도 각 나라의 주권을 존중하고 내정 간섭은 피해야 했다. 아주 최근까지도 유엔은 자기 국민을 학살하려는 정부들을 옆에서 지켜보는 수밖에 없었다. 심지어는 유엔 헌장이 제정된 상태에서도 독일 유대인을 비롯해 다른 소수민족을 학살하는 히틀러를 저지할 수 없었다. 하지만 독일의 폴란드 침공만은 사안이 달랐다. 폴란드는 '국제적인' 문제였던 것이다. [반대로 유엔의 입장에서 독일이] 자국민 6백만 명을 죽이는 것은 국내 문제이지 국제 문제가 아니었다는 뜻이다.

전 유엔 사무총장 코피 아난이 정확히 언급했듯, 유엔은 '평화 유지'라는 말과 개념 모두를 창안했다. 그렇지만 이 개념은 단

> "전쟁은 사람들이 자기가 가진 최고의 능력과 선善을 발휘하는 토대다."
>
> — 존 러스킨John Ruskin(1819~1900, 작가이자 비평가)
>
> "항구적 평화는 꿈일 뿐이다. 그것도 아름답지도 못한 꿈일 뿐이다."
>
> — 필드-마샬 헬무트 폰 몰트케(1800~1891, 프러시아 장군)

지 특정 상황과 사건에 임시변통으로 대처하는 과정에서 나온 것이다. 기본적으로는 국가들의 분쟁을 유엔으로 가져올 수 있으며, 토론을 통해서나 문제 해결에 관심이 있는 주변국 및 다른 나라들의 중재를 통해서 해결책을 찾을 수 있다는 생각에서 나온 것이다. 그렇지만 '평화 유지'란 말은 지나치게 교화적인 관점에서 국가 간의 갈등을 바라본다. 사실, 국가 간의 갈등이란 매우 잔인한 힘의 싸움인 경우가 많다. 이 싸움을 지속시키는 자들은 자국민의 이익에 앞서 자신의 사리사욕을 끊임없이 채우고 있는 지도자들이다.

평화 작전

유엔의 평화 유지 활동이 원래 의도했던 것은 적대 관계에 있는 당사자들 사이에 이미 합의된 정전협정이 유지될 수 있도록 군사력을 배치해 방벽을 세우는 것이었다. 즉, 휴전을 이끌어 내거나 평화를 만들어 내는 [직접적인] 활동을 뜻하는 건 아니었다. 애초 이렇듯 단순했던 임무가 이제는 전쟁 때문에 폐허가 된 나라를 정치적·사회적·경제적으로 재건하는 일을 포함하는 매우 복잡하고 복합적인 목표를 완수하는 데까지 발전했다. 이제 사람들은 '평화 작전'이라는 어휘를 더 선호하는데, '평화 작전'이 훨씬 폭넓은 행위를 포함하기 때문이다. '평화 작전'에는 계속되는 내전 중인 나라에 평화를 만들어 내고 나아가 지속적인 평화를 구축하는 일이 포함된다.

평화 유지 임무는 '유엔 헌장 6장'에 의거, 투표에 의해 승인되며 두 분쟁 당사자 사이에, 때로는 중립지대에 군사를 파견함으로써 이미 합의된 평화를 이행하게끔 한다. 하지만 지금은 그 임무가 확대되어 싸움이 지속되고 있는 분쟁 당사자들에게 실제적으로 평화를 강제할 수 있게 됐으며, 파란 헬멧의 유엔군은 '개입에 관한 규정'을 좇아 모든 가능한 수단을 사용할 수도 있게 되었다. '개입에 관한 규정'은 유엔 헌장 7장에 의거하여 유엔군에게 무기 사용을 허가했다.

부룬디, 보스니아 그리고 소말리아에서 이뤄진 평화 작전은 1991년, 이라크와 쿠웨이트 사이 국가 간 분쟁에 대응하며 수행한 걸프 지역 사막 폭풍 작전처럼 평화를 강제하는 활동이었다. 유엔의 평화 강제는 항상 문제를 낳는다. 유엔군은 아무도 죽지 않을 것이고, 적군 외의 다른 사람은 아무도 희생되지 않을 것이라는 비현실적

●사막 폭풍 작전Operation Desert Storm—미국을 주축으로 한 다국적군이 바그다드를 공습하며 시작된 이 작전은 6주 동안 지속됐으며 각종 첨단 무기가 동원돼, 지상전 돌입 4일 만에 이라크를 항복시켰다. 옮긴이.

인 기대가 있기 때문이다. 대규모 병력을 파견하면 난폭한 적군과 그 정부가 뒤로 물러날 것이라고 기대하는 것 또한 마찬가지로 비현실적이다.

유엔의 억제

유엔은 세계정부가 아니다.[1] 유엔은 단지 유엔 헌장에 의거해 전체 회원국들이 허가하는 일만 할 수 있을 뿐이다.[2] 냉전 기간 동안 유엔은 "전 세계적으로 희망 없는 마비 상태를 지시하는 상징물"이었고 미국 〈유엔협회United Nations Association〉에서 후원자를 끌어올 수밖에 없었다. 동서 양 진영이 합의하지 않는 이상 아무 일도 할 수 없었기 때문이다. 1950년부터 1953년까지 한국전쟁에 개입할 수 있었던 것은 소련이 당시 유엔 참여를 거부했기 때문이었다. 심지어 바람직한 결과에 대한 합의가 이루어진 상황에서도 공산주의 국가들은 그 어떤 내정 문제에도 간섭하지 않으려고 했다. 선례를 남기면 자국 문제에 [유엔이] 개입할 여지를 줄 수 있었기 때문이다.

오늘날에도 중국과 러시아는 수단의 다르푸르에서 일어나는 학살을 막기 위해 개입하는 것을 반대하고 있다. 각각 티베트와 체첸에 대한 외부 개입의 가능성을 민감하게 받아들이기 때문이다. 출자액에 따라 투표권이 결정되는 〈세계은행〉이나 〈국제통화기금〉과 비교해 유엔이 갖는 장점은 각 나라가 크기에 상관없이 유엔 총회에서 한 표를 행사할 수 있다는 사실이다. 이는 10억 인구를 가진 중국이나 8억 명이 사는 인도에게는 가혹한 일이 되겠지만 전체 인구가 1만 2천 명뿐인 투발루에게는 좋은 일이다. 세계를 거울처럼 되비치는 유엔 안에서 [국가의] 크기는 예산 기여도만큼이나 중요한 게 사실이지만, 개발도상국들이 모두 합심하여 행동한다면 다수가 될 수도 있다.

유엔의 '각료회의'인 안전보장이사회는 중국, 프랑스, 러시아, 영국, 그리고 미국이라는 다섯 개의 상임이사국으로 구성되며 이들 나라는 거부권을 행사할 수 있다. 그 밖에 거부권을 갖지 않는 비상임이사국은 10개국으로 유엔 총회에서 선출되며 2년의 임기가 주어진다. 이스라엘로 말할 것 같으면, 총회에서 거의 넷 혹은 다섯 나라의 지지밖에 얻지 못하면서도 미국의 지지와 거부권 행사 덕분에 유엔에서 비상임이사국의 지위를 유지할 수 있었다. 자연히 이스라엘과 팔레스타인 사이에 평화유지군을 주둔시키는 일은 생각조차 할 수 없게 돼 버렸다. 미국이 거부권을 행사할 것이 뻔하기 때문이다.

냉전 이후로 개혁에 대한 요구는 많았다. 그러나 그 어떤 나라도 실제로 안전보장이사회의 다섯 개 상임이사국이 거부권을 포기하리라고 기대하지 않았고, 그렇게 하도록 압박하지도 않았다. 대표권에 평화 구축을 위한 조정안을 연계시키는 흥미로운 개혁안도 나왔다. 파키스탄과 카슈미르 문제를 최종 합의하는 조건으로 인도에게 거부권 없는 상임이사국 자리를 주자는 것이었다. 파키스탄 수상 무샤라프가 말한 바, 무슬림과 비무슬림 사이에 새로운 '철의 장막'이 둘러진 시대

●카슈미르Kashmir―인도 북부, 파키스탄 북동부에 위치한 지역으로 인도와 파키스탄 사이에서 영유권 분쟁이 계속되고 있다. 인도와 파키스탄은 1947년 영국으로부터 독립하며 각각 힌두교 세력과 이슬람교 세력으로 결집했는데, 카슈미르 지역은 인구 구성상 이슬람교를 신봉하는 사람이 많았지만 초기 힌두교 지도자가 권력을 잡은 뒤 인도에 통치권을 넘김으로써 인도와 파키스탄 사이에 분쟁이 불붙게 된다. 옮긴이

에 현재 무슬림을 대표하는 영구 회원국이 없다는 건 문제다. 뿐만 아니라 아프리카에서도 라틴아메리카에서도 그 지역을 대변할 수 있는 회원국은 없다.

누가 파란색 헬멧을 쓰는가?

유엔은 자체적으로 군대를 보유하고 있지 않다. 대부분의 평화 유지 임무는 마치 과일 샐러드처럼 여러 회원국에서 선발된 군대에 의해 수행된다. 이들 군대는 유엔의 깃발 아래에서 활동하며 대규모 병력을 제공할 준비가 된 나라가 파견한 장군의 명령을 따라 파란색 헬멧을 쓰고 전장에서 임무를 수행한다.

예를 들어, 현재 〈유엔라이베리아임무단(UNMIL)〉은 47개 국가에서 온 1만 5천 명의 군인들로 구성되어 동족 살상을 막는 일을 한다.[3] 서로 이질적인 요소들을 화합해 잘 기능할 수 있도록 만드는 일은 고도의 관리와 협조를 필요로 한다. 각 국가는 평화 유지 임무에서 하청 업무를 수행할 수도 있다. 예를 들어 르완다에서는 프랑스가, 조지아에서는 러시아가, 보스니아와 코소보에서는 〈북대서양조약기구(NATO)〉(이하 나토)가 각각 책임을 지는 것이다. 2002년 아프가니스탄에서 창설된 다국적 〈국제보안지원군 International Security Assistance Force〉은 비록 공식적인 유엔의 평화 유지 기구는 아닐지라도 유엔에 의해 그 권한을 인정받았다. 유엔 임무단은 전 세계에 흩어져 있다.

얼마나 크다고들 말하는가?

유엔 반대론자는 유엔 사무국을 천지 사방에 흉측하게 뻗은 관료 조직이라고 비판한다. 그렇지만 그것은 사실이 아니다. 뉴욕의 유엔 사무국에 근무하는 전문 직원의 수는 3천2백 명으로 미국 의회 회계감사원에서 근무하는 직원 수와 같다. 컴퓨터 프로그래머와 같은 보조 요원까지 포함해도 사무국 전체 직원의 수는 9천 명 정도다. 이는 위니펙 시의 공무원 9천9백 명보다도 적다.

〈유엔난민기구〉,〈식량농업기구〉,〈유엔아동기금〉처럼 전 세계에서 활동하는 대행 기구의 전체 요원 수는 5만 1천5백 명 정도다. 운전수에서 중역에 이르기까지의 모든 요원은 정치, 경제, 사회와 관계된 일을 하며 산업, 교육, 노동, 취업, 개발, 난민, 인권, 민간 항공, 농업, 보건, 아동, 인구, 세계 기후 서비스, 통신, 우편 서비스, 국제 해상 협력, 지적재산권, 핵에너지 외에도 대단히 많은 분야의 일을 맡고 있다. 전 지구의 모든 업무를 맡기에 5만 명이라는 숫자는 결코 많지 않다. 태국에서 코카콜라를 생산하고 홍보하기 위해 1만 명의 사람이 일하는 것을 봤을 때 특히 그렇다.

유엔의 활동에는 많은 장애물이 있다. 그 가운데는 위험 지대에 서구의 군사를 파견하는 것에 대한 저항이 갈수록 커지는 문제도 포함된다. 하지만 유엔은 여전히 전 세계 곳곳에서 평화 유지에 깊이 관여하고 있다. 2004년 말에는 유엔의 이름으로 전 세계에 걸쳐 7만 명의 병사가 17가지 작전을 수행하였다. 미국이 이라크 한 나라에 파견한 군인 수가 15만 명이라는 것을 생각하면 아주 적은 수다.[4]

유엔의 평화 유지 활동

2003년 유엔이 수행한 평화 유지 및 감시, 평화 강제 임무는 아래와 같다. 그해 12월 조사에 따르면 유엔의 평화 유지 작전에 인력을 지원한 나라 중 상위 다섯 개 기부국이 전체의 43퍼센트에 달하는 군인과 경찰 병력을 제공한 것으로 나타 났다. 이 다섯 나라는 파키스탄, 방글라데시, 나이지리아, 인도, 가나다. 나토의 경우, 열아홉 개 회원국이 방위를 위해 지출한 액수는 전 세계 총액의 60퍼센트를 초과했지만, 2003년 말 유엔 평화 유지 사업에 제공한 인력은 전체의 9퍼센트밖에 되지 않았다. 나토의 최대 기여국인 폴란드는 유엔 기여국 명단에서는 15번째 자리를 차지했는데, 유엔에 735명의 군인과 경찰을 파견했다.

〈코트디부아르임무단(MINUCI)〉[*]

〈에티오피아-에리트레아임무단 (UNMEE)〉

〈서부사하라국민투표임무단 (MINURSO)〉

〈코소보임시행정부(UNMIK)〉

〈콩고민주공화국안정화임무단 (MONUK)〉

〈라이베리아임무단(UNMIL)〉[*]

〈아프가니스탄지원단(UNAMA)〉

〈동티모르지원단(UNMISET)〉

〈시에라리온임무단(UNAMSIL)〉

〈인도-파키스탄정전감시단(UNMOGIP)〉

〈병력분리감시단(UNDOF)〉(이스라엘과 시리아에서 활약)

〈키프로스평화유지군(UNFICYP)〉

〈조지아감시단(UNOMIG)〉

〈정전감시단(UNTSO)〉(이집트, 레바논, 시리아에서 활약)

〈레바논임시군(UNIFIL)〉

〈이라크-쿠웨이트감시단(UNIKOM)〉[**]

〈앙골라임무단(UNMA)〉[**]

---
[*] 2003년 임무 시작

[**] 2003년 임무 마감

이외에 다른 조직도 들 수 있다. 〈미주기구Organization of American States〉는 아이티에서, 〈유럽안보협력기구Organization for Security and Co-operation〉는 체첸, 보스니아, 코소보 등지에서 임무를 수행하고 있다. 〈아프리카부룬디임무단(AMIB)〉과 〈솔로몬제도지역지원단(RAMSI)〉역시 손에 꼽힌다.

평화의 대가

다른 많은 평화 유지 활동들이 그렇듯이 유엔이 임무를 수행하는 데 가장 큰 제약이 되는 것은 자금이다. 전쟁 중이 아니라 하더라도 현장에 군대를 주둔시키는 데에만 엄청난 비용이 든다. 2001년 한 해 동안 열네 군데에서 평화 유지 활동을 하는 데 소요된 예산은 27억 4천만 달러였다.(2천만 인구의 오스트레일리아가 쓴 한 해 국방 예산이 180억 달러라는 사실과 비교해 보라.) 한 해 동안 유엔이 하는 모든 평화 활동에 드는 비용은 평화 시 미국이 육군 2개 사단을 유지하는 데 들어가는 비용보다도 적다.

2001년에는 전쟁으로 폐허가 된 시에라리온의 평화 유지 활동에 7억 달러를 쓰면서 가장 많은 비용을 지출했고, 〈군감시단 Military Observer Group〉이 핵보유국인 인도와 파키스탄을 감시하는 데에는 6백만 달러라는 최소 비용이 들었다. 어떤 종류의 경제 분석을 해봐도 평화를 유지하는 것이야말로 전쟁을 치르는 것보다 훨씬 비용이 적게 든다는 사실을 잘 알 수 있다. 그렇지만 일단 정치가 끼어들게 되면, 가장 경제적이라는 주장도 소용없게 된다. 경제 규모를 고려해 평화 유지 활동에 가장 많은 재정 분담을 요구받는 나라는 미국이다. 그러나 미국은 중국과 러시아가 더 많은 몫을 내야 한다고 목소리를 높인다. 서로 누가, 무엇을 내놓아야 하는지 계산기만 두드리고 있는 실정이다. 현재는 그 탓에 수만, 수십만 명의 목숨을 구하려는 인도주의적 개입이 오도 가도 못하고 있다.

유엔이 자체적으로 군대를 보유해 전쟁이 아닌 평화 유지 목적으로 현장에 바로 투입할 수 있게 해야 한다는 제안이 지금껏 여러 차례 있었다. 자금이 가장 큰 걸림돌이지만 사실 그보다 더 큰 문제는 사무총장이 최고사령관으로서 갖게 될 권력이다. 현실적으로 더 실현 가능성이 큰 제안은 피지가 그랬듯, 개별 국가들이 파견에 대비해 일정한 국제 병력과 경찰력을 준비하는 것이다.

새로운 세계 질서

1989년 냉전이 종식되면서 평화 유지 활동에 대한 요구와 그 활동들이 실천에 옮겨지도록 더 정교한 계획을 세워야 한다는 요구가 빗발쳤다. 1948년부터 1988년까지 유엔의 평화 유지 활동은 열다섯 차례 있었고, 그중에서 평화 감시 수준을 넘어선 임무는 딱 세 차례였다. 반면에 1989년부터 1991년 사이에는 서른한 차례에 걸친 유엔 평화 임무단의 활약이 있었고, 그 가운데 스물네 차례는 아주 복합적인 성격을 가진 것이었다.

예를 들어, 식민 체제의 남서아프리카가 나미비아공화국으로 독립할 수 있게 〈나미비아독립지원그룹(UNTAG)〉이 파견되었고, 최초로 민주주의 선거를 감시하는 임무를 수행했다. 이후로 이 임무는 보편화되었다. 정전 합의 이후 이행 상황을 감시하는 것도 전형적인 업무다. 이는 교통사고로 목숨을 잃는 유엔 군인들 중에 평화 유지 활동을 수행하다 변을 당한 경우보다 면세 스포츠 차량을 타고 과속하다 사고를 당한 경우가 많다는 사실이 말해 준다.

1992년부터 1993년까지 〈캄보디아과도행정기구(UNTAC)〉는 유

> 여기를 보라, 그게 바로 역사를 보는 바른 길이니
> 얼굴을 쳐다보면서, 당신들과는 달리.
> 아무도 책임지지 않는 있는 그대로의 파편들 속에서,
> 저격수가 방아쇠를 당기고, 총탄은 두개골을 가른다.
> 무덤은 이미 어찌 할 수 없는 풀로 뒤덮일 뿐이고.
> ─페리다 두라코비치(1957~, 보스니아 시인)

엔 임무단 역사상 가장 광범위하고 성공적인 활동을 수행했다. 캄보디아라는 커다란 나라가 내부 학살을 멈추고 다시 민주 선거를 치를 수 있게 했기 때문이다. 동티모르에서는 〈동티모르과도행정기구(UNTAET)〉의 주도하에 정치, 사회, 경제 부문이 재건되었다. 이 역시 유엔이 국가의 (재)탄생을 돕는 산파 역할을 할 수 있다는 좋은 예가 된다. 그리고 이 경우 모두 성공을 결정지은 두 가지 요인이 있었다. 바로 선진국에게 막대한 재정 지원을 해 줄 용의가 있었다는 것, 그리고 인접국들이 내정 간섭을 중단했다는 것이다. 당시 지정학적으로 폭넓은 환경 변화가 일었기 때문에 인접국들은 내정 간섭을 중단할 수 있었다.

반면 서아프리카에서는 유럽과 미국이 〈라이베리아임무단(UNMIL)〉과 〈시에라리온임무단(UNAMSIL)〉에 큰 관심을 두지 않았고, 오히려 무력 충돌이나 병력에 자금을 대 주면서 기득권을 유지하려 했다. 총기와 밀수품이 어떤 어려움도 없이 국경선을 끊임없이 넘나들었고 그래서 전쟁은 그치지 않았다. 싸움을 계속하고자 하는 사람들의 손에 무기가 들어가고, 여성이나 아이들을 포함해 평범하게 농사를 짓고 학교를 다니며 살고 싶었던 사람들이 목소리를

내지 못하고 아무 힘도 갖지 못하면서 비극이 시작되었다.[5]

이제는 유엔 '평화 유지 활동'에 1992년 소말리아에서 있었던 '인도주의 개입'을 포함시키기도 한다. 복합적인 성격을 띤 임무 수행은 '2세대' 평화 유지 활동의 표준이 되기 시작했다. '1세대'의 분쟁 억제 임무보다 재건과 평화 정착에 방점이 찍힌 것이다. 유엔은 좌절에 빠진 국가들을 재건하면서 재기 불능 상태를 되돌리기 위한 임무를 맡게 되었다.

싸움에는 항상 이유가 있다

오늘날 대부분의 분쟁은 이데올로기와 관련이 없다. 동서 교착 상태는 지나가고 대부분의 싸움은 국가 간의 싸움이 아니라 국가 내부의 싸움이 되었다. 그 많은 충돌들은 유고슬라비아 내전이 그러했듯, 역사상 해묵은 감정들이 다시 고개를 들어 일어난 인종 갈등 혹은 종족 갈등이었다. 그러한 전쟁들은 중재하기가 극도로 어렵다. 유엔이 통제할 수 있는 사람이 아예 없거나, 설령 있다 하더라도 그런 사람은 인종적 편견을 자극하고 상대방을 악마화해 자신의 지위만 유지하려 들 수 있기 때문이다.

국가 간 분쟁에서 양측은 서로를 증오하면서 상대방을 인간 이하의 존재로 탈인격화시킬 수도 있다. 미군이 북베트남 사람들을 '서커스단 난쟁이'로 여기도록 훈련받았다는 사실을 기억할 필요가 있다. 내전을 비롯해 아프리카의 많은 나라에서 벌어진 그 잔인한 혼돈 속에서, 싸움이 끝까지 계속된다면, 사람들은 그냥 집으로 돌아갈 수 없다. 그들은 지리적 경계 어느 한 쪽에서도 자리를 잡고 살 수 없다. 이스라엘-팔레스타인 문제가 그토록 풀기 어려운 데에는 분명한 이유가 있다. 팔레스타인 사람들에게는 물러날 자리가 없다. 즉, 자리를 철수하고 국가 경계선 안으로 돌아가고 싶어도 그럴 수 없다. 그들에게는 그렇게 살 수 있는 땅 자체가 없는 것이다.

내전 이후 사람들이 서로를 평화롭게 대하고 민주적으로 함께 일하기 위해서는 이웃이나 공동체와의 관계를 회복할 방법을 배워야 한다. 이는 각 당사자들이 다른 사람들 역시 인권을 가진, 자신과 똑같은 사람이라는 사실을 받아들일 때 가능하다. 1994년 르완다에서 일어난 학살에 가족이 희생당했어도 가능한 일일까? 물론 가능하다. 또 그렇게 해 왔다. 르완다에서 한 주교는 이렇게 말했다.

"전 제 아버지를 죽인 남자의 손을 잡았습니다. 그 이후 그보다 어려운 일은 없었습니다."

파란색 헬멧만으로는 충분치 않다

테러가 국경을 넘어 국제화되면서 세계경제와 내전이 연계되어 안보에 대한 개념도 크게 확장됐다. 유엔은 처음에는 국경을 사이에 두고 발생하는 분쟁만을 진압했지만 점차 정치, 사회, 경제 체제 전반을 재건하는 방향으로 발전했다. 평화유지군은 이제 평화를 중재하고 구축하는 일 전반에 걸친 기술들을 갖출 필요가 있다. 파란 헬멧이나 훈련, 빛나는 총만으로는 더 이상 충분하지 않다.[6]

평화 수호를 위해 유엔 임무단들은 지금 무슨 일이 벌어지고 있는지에 대한 전략 분석을 공유해야 하고, 평화 건설 시작 단계에서부터 사람들을 끌어들여 공동체를 재건하는 일에 공동체 스스로 책임감을 갖도록 해야 한다. 군과 민간 사이에 바람직한 협동이 이뤄져야 하는 것이다.

유엔의 계산법

> "수억 명이 잔혹한 압제와 극한의 비참함 속에서 살아가는 이 세계는 절대 완벽히 안전할 수 없습니다. 이는 우리가 냉철하게 파악하고 있는 현실입니다. 가장 많은 특권을 누리며 사는 사람에게도 이 세계가 안전하지 않기는 마찬가지일 겁니다."
> ─코피 아난Kofi Annan(1938~, 전 유엔 사무총장)

오늘날처럼 보초만 서는 것이 아니라 실제로 싸움에 가담해야 하는 상황에서 안전보장이사회는 나토에 [분쟁 해결] 권한을 위임하기도 한다. 1999년 발칸 반도 문제가 터졌을 때처럼 말이다. 2003년 이라크 사태 때는 '의지 동맹'에 권한을 위임하려 했지만 실패했다. '나토에게 위임'이라는 해결책은 유럽 입장에서는 좋은 답안이 될 수 있겠으나 아프리카에서 일어난 문제를 해결할 수는 없다. 아프리카에는 나토와 같은 기구가 없다. 현재 가장 많은 분쟁이 일어나는 아프리카는 미

● 의지 동맹coalition of the willing─미국 주도하에 뜻이 맞는 국가들끼리 모인 자발적 연합. 기존의 동맹 관계와 유엔 체제의 제약을 넘어서 위기 때마다 임기응변으로 대응하는 안전 보장 체제다. 옮긴이

래에 갈등이 일어날 소지 역시 가장 큰 지역이다.

〈아프리카연합〉은 다양한 수준의 훈련과 교육을 마친 군대를 보유하고 있지만, 재정적 능력이 없기 때문에 외부 지원 없이는 그 군대를 현지에 주둔시킬 수 없다. 불행한 현실은 평화 유지를 위해 필요한 자원들이 대개 그 자원이 필요 없는 지역에 있다는 사실이다. 지역적 접근이 아니라 지구적 접근이 필요한 까닭이 여기에 있다. 유엔, 그중에서도 심장부인 안전보장이사회에서조차 일종의 인종주의가 목격된다. 사망자 수에서 파생되는 정치적 효과가 대륙별로 상이한 것이다. 아프리카의 르완다, 콩고민주공화국, 수단에서 죽은 1백만 명은 유럽의 전 유고 연방에서 죽은 1만 명과 동일한 효과를 갖지 못하고, 아메리카에서 9.11 때문에 죽은 4천 명과도 같지 않다. 유고슬라비아 사태로 하루 5백만 달러가 지출되던 그때, 안전보장이사회는 라이베리아에 일 년 동안 5백 만 달러를 지원하자는 사무총장의 안을 거부했다. 평화 유지와 분쟁 해결 분야에서 유엔의 성공과 실패를 기록한 성적표를 받아 들고 우리가 눈여겨봐야 할 것은 바로 이러한 이해관계에 따른 계산법이다.(156쪽, "유엔의 성적표" 참고) 르완다 문제를 놓고 전 유엔 사무총장 부트로스 갈리Boutros Boutros-Ghali를 만난 미 클린턴 대통령은 미국이 〈아동보호기금(UNICEF)〉의 책임자로 임명되어야 한다는 것을 확인하는 데만 시간을 다 허비했다. 유엔의 여러 책임자들과 안전보장이사회의 상임이사국들은 상당한 양의 석유를 보유하고 있는 나라들에 훨씬 큰 관심을 가진다.

유엔의 성적표

분쟁 해결에 나선 유엔은 성공과 실패를 거듭했다. 안전보장이사회 상임이사국 같은 존재가 유엔이 할 수 있는 일들에 큰 영향력을 행사한 게 사실이다.

성공

172개의 평화협정

- 1988~1991 이란-이라크 전쟁 종식
- 1989~1990 소련군 아프가니스탄 철수
- 1989~1990 나미비아*
- 1991~1993 캄보디아*
- 1991~1995 엘살바도르 내전 종식
- 1992~1994 모잠비크*
- 1994~2000 타지키스탄*
- 1995~1999 마케도니아
- 1999~2005 동티모르*

실패

- 1992~1993, 1993~1995 소말리아 (불명예 철수)
- 1993~1996 르완다 (1994년 대학살)
- 1993~1995 보스니아 (1995년 스레브레니차 대학살)
- 1987~1997 앙골라 (분쟁 진행 중)
- 1999~현재 시에라리온 (평화유지군, 반군에게 납치)
- 2004~현재 아이티 (빈익빈 부익부, 혼란 가중)

판단 보류

코소보, 아프가니스탄*, 수단-다르푸르, 콩고민주공화국

---

* 평화 유지 사업에 국가 재건 요소가 투입된 지역

개입

최근 몇 년간, 안전보장이사회는 소말리아의 경우처럼 인간의 존엄성이 땅에 떨어지는 것을 저지할 능력이 없는 국가에 군사적으로 개입하는 것을 승인했다. 아이티에서 선출된 정부가 축출되고 알바니아에서 경제가 붕괴되고 사회 무질서가 횡행했을 때도 군사적 개입이 정당화됐다.[7] 유엔은 나미비아, 모잠비크, 엘살바도르, 동티모르에 개입해 성공을 거뒀다. 앙골라와 소말리아에서의 실패가 일깨워 준 것은, 존재하지도 않는 평화를 유지하기 위해서, 아니면 분쟁 당사자들이 아무런 성의를 보이지 않는 어떤 것을 위해서 유엔군을 파견해서는 안 된다는 것이었다. 비국가 집단에 의해 행사되는 강제력을 관리할 수 있는 기준을 강화하고 유엔 회원국 정부들이 그 기준을 강제할 수 있는 방법을 찾는 것이 핵심이다. 이러한 생각을 혼란스럽게 하는 것은 이란이나 북한과 같은 핵보유국의 경우인데, 테러리스트가 핵을 사용한다는 것은 우리의 상상을 초월하는 공포다. 국제적으로는 이미 테러에 대한 열두 개의 규약이 있다. 하지만 같은 사람도 누군가에게는 테러리스트가 되고 또 다른 누군가에게는 해방 전사가 되는 상황에서 누가 테러리스트인가에 대해 진정한 의견 일치를 볼 수 없는 것이 문제다.

> "숙제를 하는 동안 총알이 날아올까 봐 바닥에 엎드리고 있을 때가 많았다. 난 제발 열두 살 생일이 찾아오지 않기만을 바랐다. 열두 살이 되면 군대에 가야 하니까."
> ―엘살바도르에서 오스카 토레스Oscar Torres(자신의 소년병 경험을 바탕으로 만든 영화 〈이노센트 보이스Innocent voices〉의 각본가)

"브라히미 보고서"라고도 불리는 2000년 유엔 평화 활동 위원회 보고서는 "지역 당사자들의 동의와 공평성, 자기 방어를 위해서만 물리력을 쓴다는 것이 평화 유지를 위한 기본적인 원칙으로 남아 있어야만 한다"고 주장한다.[8] 그렇지만 이는 비현실적이다. 한쪽이 분명하고도 명백하게 평화협정의 조문을 어기고 있는 상황에서, 기껏해야 무능함을 드러낼 뿐이며 최악의 경우, 악의 공범자로 몰릴 수 있는데도 유엔이 모든 분쟁 당사자들을 동등하게 대우한다는 것은 말이 안 된다. 1990년대 유엔의 평화 유지 사업 가운데 르완다, 보스니아, 코소보에서 맛본 실패는 유엔의 명성과 신뢰에 가장 큰 타격을 끼쳤다. 유엔은 침략자와 희생자를 구분하는 일에 소극적이었던 것이다.

유엔 주둔군은 스스로를 방어할 수 있어야 한다. 따라서 무법 반군을 다루는 계획은 반드시 최악의 경우를 상정하여 짜야 하고, 고급 정보로 무장된 더 크고 잘 조직된 군비를 갖춰야 한다. 유엔은 군사력이 됐든 경찰력이 됐든 민간인에게 자행되는 폭력을 목격하면 그것을 중지시킬 수 있는 권한이 있으며 여기에는 인도주의 원칙과 보편적 인권에 대한 지지가 담겨 있다. 사무국은 새로운 임무를 위해 필요한 자원의 수준을 논의하는 자리에서 안전보장이사회가 듣고 싶어하는 이야기가 아닌, 반드시 알 필요가 있는 이야기를 거침없이 발언해야 한다. 이때 투입되는 자원은 임무를 실행에 옮길 때 부딪힐 수 있는 어려움들을 고려한 현실적 시나리오에 따라 정해져야 한다.

유엔 평화 유지 사업은 성공과 실패로 얼룩져 있다. 하지만 성공과 실패를 판가름하려면 무엇이 성공을 구성하는지에 대해 분명한 생각을 가지고 있어야 한다. 가장 간단한 방법은 몇 명이 살해당했고, 몇 명이 구조됐는지 그 인원수를 세는 것이다. 그 가운데 사망자 수를 세는 것이 가장 쉽다. 유엔이 개입하지 않았더라면 살해되었을지 모를 사람의 수가 몇 명인지 그리고 죽음을 모면한 사람이 얼마나 오랫동안 그 상태를 유지할 수 있을지를 알아내는 일은 매우 어렵다. 르완다와 보스니아에서 유엔이 실패한 것은 엄청난 사망자가 나올 때까지 개입하지 않았기 때문이다. 소말리아에서 유엔은 더 체면을 구겼는데, 사태에 개입하긴 했으나 평화를 달성하기 이전에 철수해 버렸다. 안타깝게도 성공보다 실패가 더 요란한 법이다. 그리고 유엔의 권한이 미치는 사안들이 더 복잡해질수록 임무의 성공과 실패를 단순히 가르기는 더 힘들어진다. 오늘날 평화유지군에게 기대하는 것은 평화협정이 뿌리 내리도록 공간을 확보해 주는 것이다. 그들은 난민이나 내부 이산민이 집으로 돌아가도록 도울 수 있다. 전투원을 무장해제

●내부 이산민 − 난민과 유사한 상황에 처해 있으면서 여전히 자신의 국적국 안에 남아 있는 사람. 옮긴이

시키고 그들을 다시 시민사회에 통합시키는 것도 또 하나의 임무이다. 평화유지군은 주민들에게 교전 상황이라는 공포에 떨지 않고도 살 수 있는 기회를 제공해 준다. 그들은 전쟁 범죄자를 법정에 세울 수도 있고 민족 지도자들이 국가를 건설하는 데 도움을 줄 수도 있다. 어떠한 임무든 유엔이 하는 일을 '성공'이라 부르면 비판가들의 조롱을 사게 된다. 심지어는 유엔에 우호적인 사람들도

지역민들의 바람에 더 부응하고 더 민감하게 반응하라고 유엔에 계속 주문을 넣는다. 너무나 성급하게 '성공'이라 단정 짓는 것은 당연히 위험천만한 짓이다. 1990년대 앙골라가 그랬듯, 싸움이 다시 터질 가능성은 늘 잠재되어 있기 때문이다.

왜 유엔은 대학살을 미리 막지 않는가?

1994년 르완다에서 학살이 격화되었을 때, 사무총장 부트로스 부트로스-갈리가 유엔군을 르완다에서 철수시키라 명한 것은 그가 몰인정했기 때문이 아니다. 많은 사람들이 갈리 총장과 당시 평화 유지 단장이던 코피 아난이 학살을 막기 위해 더 많은 일을 할 수 있었다고 주장하지만, 사실 둘 다 상부의 허락 없이는 인명 구조를 할 수 있는 권한을 가지고 있지 않았다.[9] 학살이 일어나고 10년이 지나서야 코피 아난은 말했다.

"대학살이 지나간 후에야 위험을 알리고 지원을 끌어내기 위해 내가 할 수 있고 해야 하는 일이 더 있었다는 것을 깨달았다."

대학살은 용서받을 수 없는 범죄다. 국제사회는 대학살이 국제적인 통제권을 발동시켜야 하는 범죄라는 데 의견을 일치시켰다. 그러나 자국민을 학살하려는 국가는 여전히 최종 국면에 가서야 외부의 개입을 수용한다. 20세기는 인류사에서 가장 피를 많이 흘린 세기였다. 전쟁터에서 수백만 명이 죽었고, 그보다 훨씬 많은 수의 사람들이 자기 정부의 손에 학살되었다. 희생자 수는 6천만 명에서 1억 5천만 명까지 추정할 수 있다.[10] 스탈린은 히틀러가 죽

르완다에서 달레어의 입장

1994년 4월, 르완다에서 대학살이 일어났을 때 캐나다 출신 로메오 달레어가 유엔군을 지휘하고 있었다. 당시 유엔 사무총장 부트로스 부트로스-갈리가 유엔군 철수를 명했던 순간을 그는 다음과 같이 기억한다.

> "안 돼. 내가 관할하는 지역 안에 보호받아야 할 사람만 수천 명이야." 상황은 갈수록 악화되고 있었다. 나는 말했다. "안 돼. 떠날 수 없어."

그는 그 일로 아직까지 트라우마를 겪고 있다.

▶출처―*Amnesty International Magazine*, Winter 2002.

사건이 일어난 뒤에는 너무 늦어

"우리에게 대학살이란 독일의 가스실에서나 일어날 법한 일이었다. 우리는 칼로도 학살을 저지를 수 있다는 사실을 깨닫지 못하고 있었다. 나중에서야 그 사실을 알게 됐다."

▶출처―부트로스 부트로스-갈리(1922~, 전 유엔 사무총장), 2004년 1월 21일 PBS 라디오 방송의 르완다에 관한 대담 중에서

●**킬링필드**Killing Fields—캄보
디아 크메르루즈 정권 때 학살
된 수천 명의 사람들이 묻힌 곳
을 가리키는 말. 크메르루즈의
지도자 폴 포트에 의해 일어난
학살은 1975년부터 1979년까
지 무려 4년 동안 계속되었고,
그동안 캄보디아 인구의 4분의
1에 해당하는 200만 명이 죽은
것으로 알려진다. 옮긴이

인 것보다 더 많은 러시아인을 죽였다.

대학살에 집단 감정이나 지도자들의 대중 조작술이 얼마나 영향을 미치는지를 둘러싼 논쟁은 아직도 진행 중이다. 히틀러 없이 홀로코스트가 가능할까? 폴 포트 없이 캄보디아의 킬링필드가 존재할까? 지도자가 선동자이고, 집단 살해라는 것이 사회에 깊숙이 뿌리박힌 피할 수 없는 악의 결과가 아니라 국가 폭력의 산물이라면 유엔은 회원국의 지지를 받아 학살극을 멈추게 할 수 있다. 아니, 그렇게 해야 할 더 큰 도덕적 책임감을 가질 수 있다.

유엔이 대학살을 멈추지 못했다면 그 책임은 회원국들, 그중에서도 특히 최후 발언권을 가진 안전보장이사회 회원국들에게 물어야 한다. 이들에게는 유엔의 활동을 신속하게 뒷받침하려는 정치적 의지가 없었고, 따라서 중요한 순간에 군대를 보내거나 재정 지원을 하는 데도 인색했다. 수단의 다르푸르 사태로 사망자 7만 명과 실향민 1백8십만 명이 생겼다. 이는 수단 정부의 방조하에 벌어진 일이다. 다르푸르 사태는 현재도 진행 중이지만 그 어떤 나라도 살육을 중단시키기 위해 유엔군을 이끌고 나서지 않고 있다. 게다가 안전보장이사회 상임이사국으로서 러시아와 중국은 자국 문제에 미칠 파장을 우려해 사태를 예의 주시하면서 수단 정부와 석유와 무기를 거래하는 까닭에 유엔의 개입을 적극 반대하고 나섰다.

부갱빌

남태평양 부갱빌 섬의 평화 유지 및 감시 활동은 유엔 체계 밖에서 이뤄 낸 성공적인 모델로 높이 평가받는다. 오스트레일리아, 뉴질랜드(아오테아로아), 피지, 바누아투에서 파견된 군대로 구성된 지역 병력은 10년 동안 악명 높은 내전이 휩쓸고 간 부갱빌로 투입되었다. 감시조에는 민간인과 여성도 포함되었다. 여기서 주효했던 것은 지역공동체들이 남태평양 섬 주민들과 친밀한 관계를 유지하고 있었고 개중에는 그들과 함께 일하는 민간인들도 있었다는 점이다. 이러한 관계 때문에 감시조에 속한 사람들은 그 지역의 여러 평화 위원회와 부족 지도자들을 직접 만날 수 있었다. 반군 지도자였던 사람은 이렇게 말했다.

"오스트레일리아 사람들이 자국 여성들까지 여기로 데려왔을 때 우리는 그들이 진지하다는 것을 알았다. 평화를 만들어 낼 수 있다는 확신이 없다면 그럴 수 없었을 것이다."

아프리카 역시 태평양 지역과 마찬가지로 지역 차원의 평화 유지 활동에 그 미래가 달려 있다. 지역민들의 문화를 잘 알지 못해 어울리기 힘든 유엔군은 큰 영향을 미치지 못할 것이다. 반면에 그 지역의 특정 이익에 연루돼 있지 않아 철저히 중립적인 입장에 서 있는 외부인에게는 늘 자리가 있다. 피지 사람들은 중동과 발칸 반도에서 평화유지군으로서 아주 성공적으로 활약했다. 그들이 바로 외부인으로 투입된 경우다. 평화 유지 활동의 90퍼센트는 신뢰를 세우고 그것을 유지하는 일에 달렸다. 신뢰에 관한 정해진 규칙

다르푸르 사태를 바라보는 눈

2003년부터 지속된 다르푸르 분쟁의 근원은 영국 식민 통치가 조장한 지역·종교·인종 갈등이다. 수단은 1956년 독립한 뒤부터 북부와 남부가 대립하는 내전에 시달렸다. 1899년부터 수단을 식민 통치한 영국은 북부에 특혜를 주고 남부를 낙후된 상태로 유지하는 등, 남·북부 지역을 분리 통치했다. 이는 남부를 인접한 식민지와 결합시키려는 정책이었다. 벨기에가 원활한 통치를 위해 르완다의 후투족과 투치족을 '분할 통치'해, 독립 뒤 두 종족 간의 치열한 내전이 일어난 것과 비슷하다.

1989년 이슬람계의 지원을 받아 쿠데타에 성공한 오마르 알바시르 현 수단 대통령은 민병대인 '잔자위드'를 지원해, 다르푸르를 비롯한 남부 억압 정책을 시행했다. 남부는 석유 등 자원이 풍부해, 수단 정부뿐만 아니라 국제사회의 이해관계가 걸린 곳이다. 다르푸르 지역의 아프리카계 반군들은 자원의 균등한 분배 등을 외치며 2003년 저항을 시작했다.

이에 친정부 민병대 잔자위드는 아랍계 피를 아프리카에 이식한다는 명분으로 인종 청소를 시작해 8만 명이 넘는 민간인을 살해하고 성폭행했다. 그동안 전쟁과 질병, 기아로 20만여 명이 숨졌으며, 200만 명이 넘는 난민이 발생했다.

2006년 5월에는 미국 등의 주선으로 평화협정이 체결됐지만, 반군 중 일부만 참여한 바람에 지금은 휴지 조각에 지나지 않는다. 아프리카계의 수단해방군은 2002년 이후 자그하와족 중심의 미니 미나위 그룹과 푸르족 중심 압델 와히드 누르 그룹으로 양분돼, 미나위 그룹만이 평화협정에 서명했다.

2006년 8월 31일, 유엔 안전보장이사회는 평화유지군 1만 7천여 명을 다르푸르 지역에 파병한다는 내용의 결의안을 통과시켰다. 빈약한 재정과 7천 명에 불과한 병력으로 분쟁 관리는커녕 오히려 사태를 악화시켰다는 평가를 받는 기존의 아프리카연합군을 대신하려는 것이다. 하지만 수단 정부는 '서구 제국주의자'인 유엔 평화유지군이 파병되면 이에 맞서 전투를 벌일 것이라고 밝혔다. 수단 정부는 또 4일 아프리카연합군에 대해 '일주일 안에 유엔군 배치안을 거부하지 않겠다면 철군하라'는 내용의 최후통첩을 보냈다. 이와 함께 1만 명의 정부군을 다르푸르에 파병하겠다고 밝혔다. 분쟁이 민병대와 반군 사이의 전투를 넘어 정부군까지 참여하는 본격적인 내전으로 비화되는 셈이다.

국제사회의 뜻도 하나라고는 할 수 없다. 유엔 평화유지군 파견 결의안 표결에서 러시아와 중국, 카타르는 기권했다. 카타르는 같은 이슬람 국가인 수단 정부를 지지하고, 중국은 수단 하르툼에 정유 공장을 건설하는 등, 석유 자원에 막대한 지분을 소유하고 있다. 평화유지군 파병에 반대하는 쪽은 군사 능력을 지닌 미국과 나토의 개입은 문제를 더 복잡하게 만든다고 지적한다.

▶출처－"수단 다르푸르, 최악 내전참사 겹치나", 「한겨레」, 박현정 기자, 2006. 9. 15. (일부 수정)

은 없다. 프랑스 작가 발자크가 말하듯, "당신은 당신이 거래하는 은행원을 좋아할 필요는 없다. 그냥 그를 믿으면 된다." 평화유지군 역시 마찬가지다.

얼마나 더 이 난장판에 있어야 하는가?

총성을 멈추는 평화 유지 업무는 평화 구축 사업보다 훨씬 빨리 달성될 수 있다. 평화 구축 사업은 사회 서비스와 공공 기관들을 재건하고 사람들 사이를 이어주는 일까지 포함하기 때문이다. 보통 유엔 임무단은 재정상의 이유나 군사 배치 문제로 2년에서 3년 정도 주둔하게 된다. 그러다 보니 평화가 구축되기도 전에 기간이 만료되는 경우가 많다. 또 군대와 민간인이 서로 다른 시간 계획표를 갖다 보니 유엔은 양자를 따로 대해야 하는 경우도 있다.

예를 들어, 솔로몬제도에서 오스트레일리아 정부는 나라를 재건하는 데 필요한 만큼 지원하되 군과 민간이 서로 다른 시간표를 갖고 움직일 것이라는 점을 언제나 분명하게 밝혔다. 솔로몬제도는 여러 섬으로 구성되어 있고 식민 통치자에 의해 서로 다른 종족들이 하나의 국민으로 엮인 까닭에 단순히 많은 제도들을 재건하는 것으로 끝날 일이 아니었다. 제도들은 상처를 딛고 개선될 필요가 있었으며 사람들에겐 충분한 시간이 필요했다. 다시 일할 수 있게 정비할 시간이 필요했던 것이다. 결국 평화의 지속 여부는 인구 성장에 보조를 맞출 수 있을 만큼 신속하게 지속 가능한 경제 성장률을 만들어 내는 것에 달려 있다. 그렇게 되면 전통적 생계 유

지 방식에 더 이상 만족하지 않는 젊은이들도 기회를 얻게 될 것이다. [11]

시민사회의 역할

현재 유엔에 등록된 상호 조약은 4만 건이 넘는다. 그 가운데 대부분은 국방보다는 교역에 관한 것이다. 또 다른 분쟁 지구로 유엔군을 파견하는 일은 흥미진진한 텔레비전 뉴스거리가 될 수 있겠지만, 지뢰 사용이나 소형 무기 판매를 금지하는 등의 조약을 체결하는 일은 눈에 띄지 않을 만큼 더디게 진행되어 눈요깃감으로도 부족하다. 그러나 이런 협약들이 전쟁에 지친 다수 세계 소농민들의 삶에 매우 큰 영향력을 행사할 것임은 분명하다. '불량 국가'와 좌절된 국가 내부에 있는 군벌은 조약을 무시할 수도 있다. 하지만 그들은 다른 나라들과 의존적인 관계를 맺는다. 무기를 사들이고 석유와 다이아몬드를 판다. [12] 따라서 조약은 거래의 상대방(대개는 다국적기업)을 최대한 압박함으로써 제 기능을 할 수 있는데, 그들 기업의 정부가 조인한 조약의 국제 기준을 준수하도록 만드는 것이다.

비록 불법은 아니지만 받아들이기 어려운 행태를 보이는 기업에 대해 시민사회는 보이콧을 한다거나 로비를 할 수 있으니 그러한 방식으로 작은 나라의 운명을 바꿀 수도 있다. 시민사회는 이보다 더 많은 일을 할 수도 있다. 총으로 위협해 소년병을 징집하는 반군에게 무기를 판매하거나 대학살을 자행하는 정부와 석유 거래를 하는 나쁜 놈들이 누구인지 밝혀 내 그들의 비리를 폭로할 수 있다. 유엔 안전보장이사회 상임이사국 다섯 개국 가운데 네 국가가 세계에서 무기 거래를 가장 많이 하는 상위 네 나라라는 사실은 결코 우연이 아니다.

유엔 없는 세계?

현 상황이 너무나 불만족스러운 많은 사람들은 급진적인 변화를 주장한다. 선택지는 세 가지다.

1. 유엔을 폐지하라. 그리고 전 세계에 '팍스 아메리카나'가 퍼지는 것을 받아들이든지 아니면 국제 관계의 무질서 상태를 받아들여라.
2. 유엔을 유지하되 대폭 개혁하라.
3. 모종의 국가 연맹이나 세계정부를 만드는 쪽으로 나아가라.

유엔을 지지하는 사람들 가운데서도 의견은 갈린다. 유엔 체계가 잘 돌아가도록 하기 위해 회원국들, 그중에서도 미국의 정치적 의지를 불러 모을 필요가 있다고 보는 사람이 있는가 하면, 유엔의 뿌리부터 가지까지 모두 개혁이 필요하다고 보는 사람들도 있다. 현재 우리는 전 세계가 공유하는 투표 체계를 가지고 있지 않기 때문에(인터넷을 통해서라면 가능할 수도 있다) 세계의 시민들이 어떤 선택을 내릴지는 알 수 없다. 미국을 포함한 대부분의 나라에서 일반 대중은 유엔이 어떻게 일을 하는지에 대해서 거의 알지 못하며, 어떤 가능한 대안들이 있는지에 대해서도 역시 모르고 있다. 유럽연합의 새로운 헌장을 받아들이는 것을 두고 일어난 최근의 논란은 초국가 기구에 대한 대중들의 불신이 어느 정도인지를 단적으로 보여 준다. 대중들은 초국가 기구가 하는 일이 무엇인지 모른다.

그러나 오늘 당장 유엔이 폐지됐다고 치자. 그러면 아마 다음 주까지, 많은 중소국가들은 유엔을 대체할 그와 유사한 어떤 것을 이미 제안하고 있을 것이다.

지금 현재 미국은 필요할 때만 유엔을 이용하고, 그렇지 않으면 무시해 버린다. 하지만 세계 권력의 균형이 이동하면서 중국이나 인도, 혹은 유럽연합과 같은 떠오르는 권력이 유엔의 유용성을 인정하도록 미국을 끊임없이 압박할 수 있을 것이다.

이외에도 다른 선택지가 있다. 조지 몬비오George Monbiot는 그의 책『동의의 시대, 새로운 세계 질서를 위한 선언문The Age of Consent: A Manifesto for a New World Order』을 통해 유엔은 진정한 민주적 세계 의회로 대체되어야 한다고 말했다. 그렇지만, 낙관주의자답게 몬비오가 말한 국제 여론 위에서 그 의회가 사용할 힘이란 결국 '도덕적 힘'에 지나지 않을 것이다. 왜냐하면 그도 인정하듯, 전쟁을 도발하고 내전을 일으키는 데 책임을 지는 주체는 여전히 국가이기 때문이다.

그렇다면, 당분간은 그 모든 결점에도 불구하고 유엔은 우리가 선택할 수 있는 유일한 대안인 듯하다.

6 전쟁의 비용

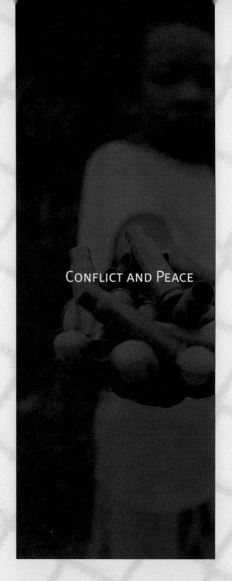

CONFLICT AND PEACE

전쟁은 어떻게 인간과 사회, 환경을 피폐하게 만드
는가?
특정 지역이나 국가에서 분쟁이 쉽게 발생하는 원
인은 무엇인가?
분쟁은 여성과 아이들에게 특히 어떤 영향을 미치
는가?

전쟁의 비용

전쟁으로 치러야 할 인간적, 환경적, 경제적 비용은 너무나 크다. 그런데도 왜 사람들이 그렇게 싸우려고 드는지 도무지 이해하기 힘들다. 사망자는 일부일 뿐이다. 불구가 되거나, 배우자를 잃은 '생존자'의 삶 혹은 소년 병사 출신의 삶 등은 너무나 고통스럽다. 돈으로 환산해 봐도 그 비용은 수십억 달러 이상이 된다.

거꾸로 된 이 세상에서 우리는 인간을 비롯한 여러 생물들을 위해 엄청난 돈을 사용하는데 정작 피를 흘리는 싸움을 막는 데는 거의 쓰지 않는다. 전쟁을 미리 막는 것이야말로 그 뒤처리를 하는 것보다 훨씬 비용이 적게 든다는 사실에 토를 달 사람은 아무도 없다. 그럼에도 오늘날까지 세계는 평화를 우선으로 하는 정치체제나 경제 체제를 고안해 내지 못했다. 오늘날 주권국가들은 전쟁을 예방하는 것을 공동의 목표로 삼기보다 서로 전쟁을 부추기는 양상으로 가고 있다. 유럽연합이 국민국가를 넘어선 새로운 체계를 실험하고 있지만 이러한 실험은 다른 지역에서는 아직 시도된 바 없다. 여러 국가에서 육군성War Offices을 국방성Ministries of Defense으로 바꿨지만 평화부Departments of Peace는 아직도 요원한

꿈이다.[1]

가족 단위에서는 극심한 불화가 트라우마를 야기하고 안녕을 해치며 수입을 감소시킬 수 있다. 일터에서 고용주들은 갈등의 비용이 크다는 사실을 안다. 이 때문에 갈등을 다루는 방법을 가르치는 직원 교육에 비용을 지불하는 것이다. 우리는 '일터에서의 갈등 해결'을 주제로 한 유료 강좌를 선전하는 광고물을 웹상에서 많이 볼 수 있다. 겉으로 드러난 폭력이 거의 없는 사회에서는 승자와 패자가 가려지는 경기장을 없애는 데 관심을 기울인다. 그런 경기장 대신에 모든 당사자들이 결과에 만족할 수 있도록 갈등을 중재하려 한다.[2]

> "세상의 모든 총, 모든 배, 모든 로켓의 최종적인 의미는 굶주린 자, 먹을 것을 먹지 못한 자, 입을 옷이 없어 추위에 떠는 자로부터의 갈취다. 이 무기의 세계는 단지 돈만 쓰는 게 아니다. 그것을 만들어 낸 노동자들의 땀과 과학자들의 천재성 그리고 아이들의 희망을 다 날려 버리는 것이다."
> —드와이트 아이젠하워(1890~1969, 미국의 장군, 전 대통령)

너무나 많은 죽음

폭력적인 갈등에 소요되는 인적, 물적 비용은 상상을 초월한다. 죽음이란 황폐화와 함께 최종적인 충격을 안기면서 마지막으로 지불되는 비용이다. 1900년과 1987년 사이 국가 간 전쟁으로 죽은 사람은 3천4백만 명이었고, 주권국가 내에서 발생한 전쟁으로 죽은 사람은 1억 6천9백만 명이었다.[3] 직접적으로 폭탄,

총탄, 칼 등에 의해 죽은 사람보다 훨씬 많은 사람이 전쟁 때문에 퍼진 질병, 건강을 돌 볼 수 없는 상황, 음식과 청결한 물, 피난처 등이 부족해 죽었다.[4] 죽음은 최종적인 재앙이고, 그 충격은 비탄에 빠진 가족으로부터 바깥으로 퍼져 나간다. 아이들은 고아가 되고, 가족을 책임질 가장은 없다. 그 결과 사회는 전 세대의 희망을 잃어버리게 되는 것이다. 1차 세계대전이 끝난 후 유럽은 너나 할 것 없이 트라우마를 겪었고, 이 문제에 잘 대처할 수 없었기 때문에 결국 2차 세계대전이 이어 터진 것이다. 2차 세계대전은 1차 세계대전의 후유증을 극복할 수 없었던 이들에 의해 발생했다.

> "두렵습니다. 더 이상 터널을 지나갈 수도 없고, 다리를 건너갈 수도 없습니다. 전차를 타면 어지럽고, 자살 충동을 느끼고, 다른 승객을 죽여 버리고 싶을 때도 있습니다. 저는 끊임없이 전쟁의 환영에 사로잡힙니다. 정신은 오락가락하고, 삶이 다 파괴되어 버렸습니다."
> −1999년, 사라예보의 한 주민

계산하기

갈등은 가난한 나라에서 발생하기 쉽고, 갈등을 겪으면 그 나라는 더욱 가난해진다. 현대 전쟁의 비용은 급속도로 커져서 이제는 계산하기가 불가능할 정도다. 베트남전쟁(1960~1975)에는 당시 1천억 달러 이상의 천문학적 돈이 소요되었는데, 요즘 가치로 환산하면 적어도 5천억 달러 이상이 될 것이다. 그 때문에 미국의 존슨 대통령은 자신이 계획한 '위대한 사회'를 건설할 수 없었다. 베트남전쟁에서 미국이 쏟아부은 비용 가운데는 참전 중 전사한 군인의 가족에게, 그리고 전역한 참전 군인에게 지불하는 연금도 있다는 사실에 주목해야 한다. 게다가 베트남 사람이 부담한 전쟁 비용도 있는데, 이에 대해 계산해 본 사람은 아직 아무도 없다.

1980년에서 1988년 사이 일어난 이란-이라크 전쟁에서 이란의 손실금은 6천4백4십억 달러였다. 그중에서 4천5백억 달러가 전쟁에 의한 직접적인 피해 액수다. 이라크도 마찬가지로 전쟁 때문에 4천5백3십억 달러의 피해를 감수해야 했는데, 역시 그중에서 6백7십억 달러가 전쟁이 안긴 직접적인 피해 액수였다. 총 손실액이 이렇게 큰 이유는 석유 수출을 통해 얻었던 수익을 잃어버렸기 때문이다.

현재 불안한 정전 상태에 있는 스리랑카 내전은 1983년부터 시작되었는데 세계 주요 지역에서 일어난 무력 분쟁의 전형을 보여 준다. 실제로 1981년부터 1991년까지 10년간 정부의 군사 지출은 국민총생산(GNP)의 0.7퍼센트에서 3.4퍼센트로 약 5배 증가했다. 정부는 쉽게 파괴되어 버리는 사회간접자본에 재정을 지출하길 미루면서 분쟁을 지원해 왔다. 전체 경제에 미친 충격은 약 10퍼센트의 경제성장률 감소로 나타났다고 볼 수 있다. 지난 10년 동안 이 나라는 한 해 국내총생산액에 맞먹는 정도의 손해를 입었다.[5]

엘살바도르에서 벌어진 12년간의 내전은 국민 생활수준을 전쟁

전쟁과 삶의 질

2003년 유엔의 인간개발지표(Human Development Index, HDI)의 상위 절반에 포함된 나라 가운데 단지 11퍼센트만이 1994년부터 2003년 사이에 무력 분쟁을 경험했다. 반면 같은 시기 하위 절반에서는 43퍼센트가 전쟁을 경험했다.

★ 1994년에서 2003년 사이에 적어도 한 차례의 무력 분쟁을 경험한 나라

2003년 인간개발지표 하위 50%에 속한 나라

2003년 인간개발지표 상위 50%에 속한 나라

2003년 인간개발지표에 기재되지 않은 나라

인간개발지표는 〈유엔개발계획(United nations Development Program, UNDP)〉이 매년 발간하는 것으로 2003년에는 (2001년 자료를 바탕으로 하여) 175개 나라를 기재했다.

인간개발지표와 무력 분쟁

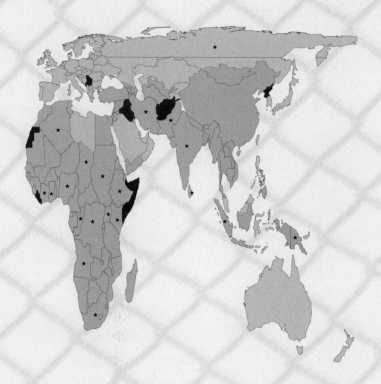

▶출처─*Human Development Report 2003* (UN Development Programme); *Armed Conflicts Report* (Project Ploughshares)

이전의 절반 정도로 떨어뜨려 버렸다.[6] 1980년대 교전 중인 열다섯 개 나라를 조사한 한 연구에 따르면, 소득이 낮지만 평화로운 국가와 비교할 때 전쟁은 식량 생산량을 줄이고 수출량을 떨어뜨리며 높은 인플레를 초래해 성장세를 둔화시킨다.[7] 하지만 여기서 놀랄 일이 아니다. 죽음과 파괴로 인한 비용도 발생한다. 생명은 물론이고 가정, 집, 각종 시설들 모두가 파괴돼 돈은 물론이고 정서적인 비용까지 든다. 이 밖에도 잃어버린 기회 때문에 발생하는 비용도 있다. 예를 들어 스리랑카의 경우, 만약 전쟁으로 찢기지만 않았더라면 오늘의 말레이시아만큼 부유한 나라가 되었을 것이다. 세계의 부유한 나라들이 부담하는 비용 또한 만만치 않다. 현재 미국의 각 가정은 '테러와의 전쟁'을 위해 한 달 평균 5백 달러를 지불하고 있다. 그 가운데 절반은 세금을 통해 나가고 나머지는 미래에 지출된다. 미국 내의 베트남전쟁 참전 용사는 이제 재향군인 병원을 이용하려면 일정 금액을 납부해야 한다. 뉴욕에서는 응급 서비스 재원이 부족해 다시 9.11 같은 재난이 일어난다면 감당하기 어려워질 것이다.

●총이냐 버터냐─정부의 두 가지 상반되는 재정 지출 노선을 빗댄 표어. 군비를 중요시할 것인지 아니면 사회보장비 지출을 늘려 복지를 중요시할 것인지를 묻는 말이다. 옮긴이

최첨단 군사 장비 하나를 마련하는 데 드는 비용으로 많은 양의 식량을 사들이거나 상당한 정도의 개발을 이룰 수 있다. 전투기 한 대를 사들이는 돈으로 잠비아 같은 나라에서는 25만 톤의 쌀을 살 수 있고, 아이들의 3분의 1이 초등학교 교육을 받을 수 있다. 총이냐 버터냐하는 것이 실

제 선택의 문제이긴 하지만, 가난한 나라에게 그 문제는 "총이냐 밥이냐"의 문제가 된다.

전쟁으로 발생하는 환경 비용은 적대 관계가 폭발하기 전부터 발생되는데, 생태 보호 목적으로 유지되던 자원이 군사적 용도로 전용되기 때문이다. 무기를 생산하면서 땅, 공기, 물이 더럽혀진다. 더욱이 무기 실험 및 군사 훈련은 직접적인 오염원이다. 군사기지는 환경 규약의 제재도 받지 않는 악명 높은 오염 주범이다. 과거 동독에 주둔했던 소련의 군사기지는 전 국토의 4퍼센트를 오염시켰다.

1980년대 에티오피아는 에리트레아와 티그레 지역을 둘러싼 전쟁에 들인 비용보다 다섯 배나 더 많은 비용을 사막화를 막는 데 썼다. 나무 심기와 토양 보존이 사업의 주요 내용이었다. 그래서 1985년 백만 명의 아사자를 발생시킨 대기근을 피할 수 있었던 것이다. 융단 폭격에서부터 지뢰 심기까지 '초토화' 작전은 토지를 극단으로 황폐화시키기 때문에 그곳에서는 더 이상의 생명이 살 수 없게 된다. 전쟁은 변함없이 생태계를 파괴하고 땅을 일구며 사는 사람들의 삶을 갈가리 찢어 놓는다. 중앙아메리카에서는 초토화 작전으로 막대한 농업용 토지와 생태계가 말살됐고, 결국 수백만 명의 난민이 발생해 도시의 슬럼과 구릉지를 과포화 상태로 만들었다.[8]

중重폭격은 섭씨 3,000도(화씨 5,432도)에 달하는 고열을 낸다. 그 안에서 살아남을 생태계는 없다. 지표 아래층이 복원되려면 7천 년을 기다려야 한다. 1991년 걸프전으로 [이라크군이 쿠웨이트의 정

평화를 위한 굶주림

지난 10년 동안 영양실조 상태에 놓인 인구가 많으면 많을수록 전쟁을 치르는 인구도 늘어 왔다. 범주1(아래의 용례 참고)에 해당하는 나라가 61퍼센트고, 범주2에 해당하는 나라가 43퍼센트며, 범주3이 28퍼센트, 범주4에 해당하는 나라는 15퍼센트다. 모두 1992년과 2001년 사이에 분쟁의 고통을 겪은 나라들이다.

영양실조 인구율

- 35% 이상 (범주1)
- 20%~34% (범주2)
- 5%~19% (범주3)
- 4% 이하 (범주4)
- 자료 확보할 수 없음
- ★ 1992년부터 2001년 사이에 적어도
  한 번 이상 무력 분쟁을 경험한 국가

세계의 기아와 무력 분쟁

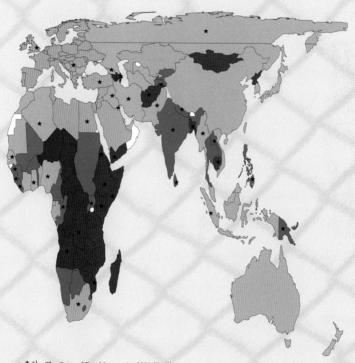

▶출처―*The State of Food Insecurity 2000*,(FAO)

유시설을 파괴하면서 유출된 석유는 그 지역 홍수림의 50퍼센트, 산호초의 50퍼센트, 수백 마일에 걸친 바다 속 해초를 심각하게 오염시켰다. 유정油井이 타버린 후 2천4백 킬로미터 가까이 떨어진 카슈미르 지역까지 산성비와 검은 눈이 내렸다. 현대 전쟁은 전대미문의 파괴를 유산으로 남기는데, 유독성 군수품, 불발탄, 황폐화된 토양과 지형이 그것이다. 나아가 전쟁 때문에 수많은 사람들이 이동을 하기도 한다. 살아남기 위해 발버둥 치다 보면 그들이 가는 길에 있는 모든 것들이 파괴될 수밖에 없다. 난민들은 요리에 쓸 땔감을 구해야 한다. 병에 걸리지 않기 위해서 물을 끓일 때도 땔감이 필요하다. 그래서 닥치는 대로 모든 것을 태운다. 그들에게는 다른 선택의 여지가 없다.[9]

2차 세계대전 이전에 일본은 전비를 비축하기 위해 회복 불가능한 수준으로까지 자연 자원을 착취한 적이 있다. 전쟁 중에는 국토의 15퍼센트가 벌채되기도 했다. 그리고 1945년에 투하된 원자폭탄으로 히로시마와 나가사키는 완전히 파괴되었다. 오늘날의 핵폭탄은 종류를 불문하고 터지기만 하면 2년간의 핵겨울은 물론, 인류와 자연환경에 상상할 수 없는 수준의 재앙을 불러 올 것이다.[10]

전쟁 때문에 환경 재앙이 발생하는 동안 그 환경 재앙은 또 다른 분쟁을 야기시킨다. 이산민이 된 사람들은 물을 얻을 수 있는 수단과 방법이 극히 제한된다. 따라서 중동 지역에서 이미 나타났듯이 물을 사이에 두고 적대감이 고조될 것이다. 미래에 대한 암울한 전망을 또 하나 하자면, 다음 세기에는 자신이 가진 자원을 다 써 버린 북반구가 남반구를 향한 군사적 개입을 시도하게 될 것이다. 그렇게 북반구는 미처 고갈되지 않은 남반구의 자원을 안정적으로 확보하고자 할 것이다. 남반구와 북반구의 관계는 식민주의에서 '개발'로 갔다가 다시 북반구가 남반구의 위기와 안보를 통제하는 쪽으로 순환하게 될 것이다. 과거 자신의 식민지였던 곳의 자원에 안정적으로 접근하기 위해서 말이다.

잊지 않기 위하여

> "전쟁에는 그 모양이 있다. 피를 흘리고, 나뒹구는 이름 모른 시체들. 솟구치는 버섯구름. 네이팜탄으로 불타오르는 숲. 거기에서 뿜어나는 화염의 벽. 쿠웨이트의 하늘은 석유로 불붙어 까맣게 그을렸다."
> ─윌리엄 츠치|William Tsutsui(일본계 미국인 역사학자)

독일, 캄보디아, 르완다, 수단 등을 트라우마로 몰아넣은 대학살은 분쟁 가운데 가장 극단적인 형태다. 사람들이 한때는 어머니였고, 아버지였으며, 형제자매였고, 아이들이었던 이들의 해골을 모아 놓고 바라본다. 이들에게는 안전이나 안정이 보장되지 않고, 인간적 따스함도, 규칙도, 아무것도 없는 세상만이 남아 있을 뿐이다. 1995년 르완다에 세워진 이산민을 위한 캠프는 너무나 많은 죽음을 목격하고, 반복적으로 강간당한, 그래서 몸은 살아 있지만 정신은 그렇지 않은 여성들에게 제공된 물리적인 안전지대였다. 그들은 묻는 말에 아무런 대답도 하지 않았다. 그들의 눈을 쳐다보니 함께 대화할 '의지'가 없어 보였다. 이 여성들의 육체적 건강을 돌보기 위해 오스트레일리아와 일본에서 건너온 의사들이 자원봉사를 했다. 인간의 악함과 그것이 야기한 절망의 증거 같은 것들을 마주할 수밖에 없었던 자원봉사자들은 이후 심리 상담을 받아야만 했다. 그것이 전부는 아니었다. 이산민 캠프는 살육을 일삼는 폭력단에 의해 숱하게 습격당했다. 그렇지만 또렷한 희망의 표지 또한 있다. 자기 자식 6명이 모두 몰살당한 뒤 생물학적으로 자기와 아무런 관계가 없는 11명의 아이들을 폐허 속에서 하나씩 찾아내 '가족'을 만들어 길러 낸 사람도 있다. 또 자신이 할 수 있는 일이라고는 오로지 가르치는 것밖에 없다는 사실을 깨달은 교사도 있다. 그 교사는 찌그러진 양철통에 온갖 종이 쪼가리, 몽당연필, 아무렇게나 프린트 된 종이들을 닥치는 대로 찾아 그러모은 후 지붕이 날아가 버린 집 담벼락에 기대 길 잃은 어린아이들 몇 명을 모아 가르치기 시작했다.[11]

혼돈에서 일어나다

폭력으로 얼룩진 내부 분쟁 이후, 나라는 회복을 해야 하는 문제에 직면한다. 이는 '엎친 데 덮친 격'이다. 일할 사람은 극소수만 남고, 큰 부채에 시달리고, 질병이 창궐하고, 경제 전망은 암울하다.[12] 이러한 많은 나라들은 분쟁이 일어나기 전부터 이미 가난했다. 문맹률은 높고, 유아와 산모 사망률은 높았다. (185쪽 참고) 에이즈 문제는 이미 심각한 상황에서 군대, 시민군, 난민 등이 이

분쟁 비용

전쟁으로 찢긴 나라는 단순히 인명 손실로 고통 받을 뿐 아니라 이산 및 사회 분열에서 오는 장기간의 영향과 망가진 경제, 파괴된 기반 시설 때문에 더 고통 받는다.

장소	분쟁 기간	민간인 사망자 수	1인당 부채	아동 사망률	이산율 (%)	난민	인구 (2003년 말 기준)	인간 계발지수*
아프가니스탄	24	1,000,000	$84	257	5	500,000	28,700,000	해당 없음
앙골라	36	1,500,222	$756	260	18	300,000	12,700,000	164
부룬디	10	300,000	$180	190	18	450,000	6,100,000	171
캄보디아	30	1,850,000	$229	138	6	700,000	11,800,000	130
체첸	10	118,000	—	해당 없음	29	10,000	800,000	—
콩고민주공화국	5	5,000,000	$201	205	6	410,000	56,600,000	167
과테말라	36	200,000	$455	58	11	200,000	11,000,000	119
라이베리아	14	250,000	$606	235	19	120,000	3,300,000	해당 없음
네팔	6	10,000	$107	91	1	20,000	25,300,000	143
르완다	1	800,000	$140	183	1	65,000	9,300,000	158
시에라리온	11	200,000	$214	316	7	35,000	5,600,000	177
소말리아	13	500,000	$312	225	11	300,000	8,000,000	해당 없음
스리랑카	19	163,000	$440	19	3	155,000	19,300,000	99
수단	35	2,000,000	$525	107	14	500,000	38,100,000	138
계**	289	14,061,000	—	—	—	4,000,000	247,000,000	—
평균	18.1	937,400	$554	165	11	—	—	141

▶출처─〈월드 비전World Vision〉에 기초. *An Ounce of Prevention: the Failure of G8 Policy on Armed Conflict*, 2004: Annex A; *Human Development Report 2004*, UNDP.

---

* 인간계발지수는 유엔이 정한 것으로 기대 수명, 교육 성취, 실질 수입 등으로 계산한 지수다. 현재 시에라리온이 177위로 최하위이고, 노르웨이가 최상위를 차지한다.

** 아이티와 레바논 포함.

동하기 때문에 더 크게 번져 나갔다. 시민들을 대상으로 조직적인 강간이 행해지지 않았을 때도 병이 번졌다.

다이아몬드나 광물, 목재와 같은 천연자원이 풍부한 나라가 특히 전쟁에 취약하다. 앙골라, 콩고, 시에라리온 등이 그 값을 톡톡히 치른 나라다. 유엔은 분쟁 지역 거래상들을 효과적으로 제재하기 위해 다이아몬드 거래 허가증을 발급하는 제도를 추진했다.[13]

전문가들은 불만과 탐욕 가운데 어느 것이 내전이 발생하는데 더 크게 영향을 미치는지 계속해서 논쟁 중이다. 경제학자들이 엄청난 자료를 투입해 가며 여러 복합적 모델들을 사용해 봤지만 실업이나 불완전 고용이 분쟁에 불을 붙이는 결정적 요인이라는 유효한 정보는 찾아 낼 수 없었다. 불만과 탐욕을 실제로 구별할 수 없다고도 할 수 있다. 한 종족 집단 출신의 젊은이들이 (실제로 거의 젊은이들에게 해당하는 내용이다) 자신들이 차별당했다고 느껴서 또 국가의 부 가운데 정당한 몫을 차지하지 못했다고 생각해 총을 들었다고 보는 것은 논리적이지 않다. 앙골라의 다이아몬드와 같이 '약탈할 만한' 자원이 있는 곳에서는 탐욕에 의해, 소말리아처럼 아무 것도 없는 곳에서는 불만 때문에 무장하게 되었다고 보는 것도 무리가 있다. 앞에서 지적한 바와 같이 시에라리온에서처럼 젊은이들이 모든 권력과 부, 심지어는 아내조차도 다 연장자에게 빼앗겼다고 느낄 수 있다.[14] 그러나 이러한 이유들이 왜 그토록 싸움이 쉽게 터지는지에 대한 납득 가능한 설명이 되지는 못한다. ▪

앞에서 보았듯이, 한 나라가 얼마나 가난하든지 간에 일단 전쟁이 일어나면 그 나라는 더욱 가난해진다. 비단 도로나 학교, 병원, 혹은 집 등이 파괴되어서만은 아니다. 사람, 즉 '인적 자본'이 상실되기 때문이다. 인재들은 죽거나 군대로 끌려가고 혹은 해외로 도주한다. 가장 중요한 것은 사람들 사이에 연대가 파괴되고 서로를 돕고자 하는 의지가 사라지면서 빈곤도 더욱 심화된다는 사실이다.

전쟁은 홀어미와 홀아비를 양산한다. 보통 남성 인구는 부족하지만 여성 인구는 '잉여' 상태기 때문에 홀아비는 재혼할 수 있다. 그렇지만 홀어미는 이중고에 시달린다. 혼자 살면서 너무나 많은 일을 감당해야 할 뿐만 아니라 많은 문화권에서 공공연하게 여성들, 특히 홀어미들을 차별하기 때문이다. 전쟁 중에 강간을 당하고 임신까지 하게 된 홀어미의 삶은 당연히 훨씬 가혹할 수밖에

• 깊이 읽기

생존을 위한 투쟁

"시에라리온에서 전쟁은 도처에 널리 퍼져 있는데, 사람들이 전쟁을 특별히 선호해서가 아니다. (전체의 5퍼센트에서 10퍼센트를 차지하는 여성을 포함해) 수없이 많은 젊은이들이 생존할 수 있는 유일한 수단이 전쟁이기 때문이다."
혼돈 속에 있는 나라에서 그들은 먹을 것을 사지 못하면 굶어야 한다. 돈이나 음식이 나오는 곳은 총구밖에 없다.

▶출처—From Paul Richards' Report on Sierra Leone for the World Bank 2004.

없다.[■] 폭력을 수반한 분쟁이 끝나고 나면 임신한 홀어미의 운명을 보살피는 일이 중요하다. 그렇지만 대부분의 정치 지도자들은 그들에게 관심을 기울이지 않는데, 선한 의도로 일을 하는 중재자들조차 마찬가지다.[15]

어린이 병사

전쟁 때문에 발생하는 가장 비극적인 비용은 어린이 병사다. 그 소년 소녀들은 어린이로 살아 보지 못한 채 바로 어른이 되는 저주를 받는다. 『카라마조프가의 형제들』에서 도스토옙스키는 죄를 짓지 않은 어린아이들이 죽는 걸 보면 하나님의 존재를 의심하지 않을 수 없다고 말한다. 그렇지만 심지어 완력을 써서 어린이 병사를 징집하는 것조차 정당하다고 주장하는 종교 집단이 전 세계에 걸쳐 있는 것도 사실이다.

싸움이 멈추고 난 후에도 어린이 병사들은 계속적으로 악몽에 시달린다. 분노를 통제하지 못하거나, 술이나 마약에 빠지거나, 공부에 전념하지 못하거나 자기혐오에 시달린다. 이러한 것들이 모두 보이지 않는 전쟁의 비용이다.▪

불구

전쟁이 지불해야 하는 또 다른 비용은 사지 가운데 하나 혹은 그 이상을 잃고 불구가 되는 엄청나게 많은 숫자의 어른과 아이들이다. 상당수는 지뢰와 갖가지 불발탄 때문에 부상을 입는다. 지뢰와 불발탄은 길을 잘못 든 사람들의 삶을 송두리째, 무작위로 파멸시킨다. 지뢰를 흩뿌려 놓은 밭에 들어가느냐 아니면 굶느냐를 택해야 하는 어려움에 직면하는 농부도 많다. 당신이라면 아마 슈퍼마켓에서 아침으로 어떤 시리얼을 먹을까 고민하겠지만 말이다.

때로 불구를 만드는 것은 고도의 전쟁 전략의 일환이 된다. 적을 죽이는 것보다 적의 손을 자르는 것을 선호하는 까닭은 더한 공포를 생산할 수 있기 때문이다. 또 죽은 사람과 달리 한 손이라도 남은 사람은 먹어야 하기 때문이다. [그러면 식량을 소모시킬 수 있다.] 이러한 극단적인 폭력은 화해를 고의적으로 차단하려는 것이기도 하다. 출신 종족이나 민족이 다르더라도 같이 일하면서 살았던 전쟁 이전의 시절로 누구도 돌아가지 못하게 못을 박아버리는 행위인 것이다. 고도 전략의 일환으로 불구가 된 어른들, 그리고 강제로 살인자가 될 수밖에 없었던 아이들을 생각해 보라. 그러면 내전

• 깊이 읽기

무기를 든 아이들

30만 명의 어린이 병사가 있다. 그 중 3분의 1은 소녀다.

- 평균 징집 연령은 13세다. 가장 어리게는 일곱 살부터 전쟁에 나간다.
- 아이들의 58퍼센트는 '자발적으로' 지원했다고 말한다. 23퍼센트만 강제로 징집되었다고 보고했다.
- 많은 아이들이 기아와 육체적·성적 학대를 피해 도망쳤고, 아이들이 피난처나 무장 단체를 찾아다니게 만든 건 공동체의 붕괴였다.
- 사회적·문화적 강압, 그리고 가족의 기대가 아이들이 무기를 들게 만들기도 한다. 아이들은 공격에 노출돼 위협받는 삶을 방어하기 위해 무기를 든다.
- 부모나 지도자들이 무장 단체에 아이들을 '자발적으로' 보내는 경우도 많다. 특히 분쟁이 세대를 거치며 내려오거나 소수 종족이 생존을 위해 싸울 때 그렇다.

▶출처—UNICEF Adult Wars, Child Soldiers: Voices of Children Involved in Conflict in the East Asia and Pacific Region, 2001.

에서 해결점을 찾는 것이 얼마나 어려운 일인지 이해할 수 있을 것이다. 당신이라면 어머니를 죽이거나 어린 자식을 난도질하고 딸을 강간한 자를 쉽게 용서할 수 있겠는가?

전쟁은 경제를 파괴시킨다

내전을 치르는 데는 명백하게 비용이 든다. 시체나 팔다리가 떨어져 나간 채 길거리에서 구걸하는 사람들 말고도 국가 경제와 기간산업의 파괴도 비용을 발생시킨다. 이는 순수한 금전적 손실로, 전쟁을 하는 데에도 돈이 들어가지만 전쟁이 끝난 뒤 복구에도 돈이 든다. 2003년 〈세계은행〉은 콩고민주공화국(구 자이르)의 '긴장 완화'를 위해 1억 6천4백만 달러를 원조하고 5천만 달러를 대부해 주었다. 이것이 5년의 내전 기간에 5백만 명 가량이 죽어 나간 비극을 겪은 나라에 질서를 회복하라고 쏟아 부은 돈이다. 총 액수는 2억 달러를 웃돈다. 1996년 모부투가 통치하는 자이르는 세계에서 가장 부패한 나라 가운데 하나였다. 그 때 미국은 냉전 구도에서 자이르가 '우'측에 서도록 모부투에게 사적으로 돈을 대주었을 뿐 아니라 미국 정부의 모든 관리들에게 추가로 '지역 수당'을 챙겨 주었다. 그 때문에 자이르에서는 모든 거래를 할 때마다 뇌물을

모부투 세세 세코Mobutu Sese Seko, 1930~1997
쿠데타를 통해 집권해 1965년부터 1997년까지 32년간 자이르(현 콩고민주공화국)를 통치했다. 아프리카화 정책을 추진하면서 국명을 콩고에서 자이르로, 수도명도 레오폴드빌에서 킨샤사로 개칭했다. 동서 냉전기에 미국 서방 국가들의 지원을 받으며 부정축재를 일삼다가 로랑 카빌라의 쿠데타로 실각했다. 옮긴이

전쟁 때문에 막대하게 낭비되는 돈

• 1983년과 1996년 사이 스리랑카 내전으로 발생한 총 경제 비용은 약 42억 달러로 1996년 스리랑카 국내총생산의 두 배에 달한다.
• 에스파냐 바스크 지역의 일인당 국내총생산은 폭력 사태가 일어나지 않은 지역과 비교해 볼 때 10퍼센트 가량 하락했는데, 테러의 영향으로 다른 지역과의 국내총생산 격차가 더욱 확대되었다.
• 그리스, 이스라엘, 터키에서 테러 사고 때문에 경제가 악화되었다. 관광 분야의 시장 점유율 또한 크게 떨어졌고 그 영향이 지중해의 다른 나라들에게까지 크게 미쳤다.
• 2011년 9.11 테러 이후 안전 예방은 더욱 조밀하게 이루어졌으나 그 비용은 무려 750억 달러 정도가 될 것으로 추산된다.
• 〈국제통화기금〉이 2001년 12월에 발표한 세계경제전망(WEO)에 따르면, 9.11로 세계경제가 치러야 할 비용은 장기적으로 보아 전 세계 국내총생산의 0.75퍼센트에 달할 것으로 추산된다.[16]

버마에서 열네 살 묘원의 이야기

그들은 우리에게 마약을 먹인 후 전장에서 맨 앞으로 나가도록 명령했다. 우리는 그것이 어떤 약인지, 어떤 술인지를 알지 못했다. 그것을 먹은 건 우리가 너무나 지쳤고, 배고프고 목이 말랐기 때문이다. 우리는 타는 듯 작열한 태양 아래 이틀 내내 걸었다. 전쟁터인 그 야산에는 아무런 그늘도 없었다. 나무는 모두 타 없어져 버렸고, 포탄이 떨어지지 않은 곳은 아무 데도 없었다. 우리는 너무 무서웠다. 목은 너무 말랐고, 지쳐 쓰러지는 사람들이 생겼다. 그러자 우리는 뒤에 있던 상관들한테 두들겨 맞았고, 억지로 앞으로 내보내졌다. 그 가운데 한 친구가 죽었다.

▶출처─BBC World Service, "Children of Conflict"

요구하였고 미국 관리들은 빠짐없이 그 요구에 뇌물로 응했다. 여행자 수표는 모두 현찰로 바꿔 주었고, 경매가 열리는 곳에 참가하기 위해 왕복 주말 비행기 표를 확보해 참가하게 해 주었다. 전쟁은 상대적으로 기반 시설을 파괴시키진 않았다. 파괴할 기반 시설조차 없었기 때문이다.

'평화 배당'

전쟁이 초래하는 막대한 비용과 대조적으로 평화를 준비하는 것은 '평화 배당'을 가져다준다. 이것은 진실이다. 우익이나 군산업체 쪽에서는 군비 지출이야말로 경제에 큰 도움을 준다고 주장하지만 이러한 주장은 아이들이 유리창에 돌을 던지는 행위가 유리창을 갈아 끼우는 데

●평화 배당peace dividend— 냉전이 끝나고 미소 양국이 그동안 군비에 과도하게 지출하던 자원을 민간 부문으로 돌리면서 생겨난 말. 평화 목적으로 자원을 배분한다는 뜻이다. 옮긴이

필요한 고용을 창출시켜 경제에 좋게 작용한다고 말하는 것과 같은 논리다. 오류는 그 돈이 다른 곳에 쓰이거나 투자될 수 있다는 것을 생각하지 못한 데 있다. 돈을 다른 좋은 곳에 쓸 수 있다고 생각했던 사람들은 냉전이 끝나고 베를린 장벽이 무너진 이후에 보편적인 평화 배당에 커다란 기대를 품게 됐다. 그런데 그 이후에 '테러와의 전쟁', '의지 동맹' 그리고 냉소만 되돌아왔다. 그럼에도 냉전 이후에 한 동안은 진정한 평화 배당이 있기도 했다.

1991년 〈국제통화기금〉의 한 연구에 의하면 세계적으로 군사비

지출은 1985년에서 1990년 사이에 국내총생산 대비 1.3퍼센트포인트 하락했다. 그러한 하락은 산업국, 개발도상국 할 것 없이 모든 지역에서 나타났다. 130개 〈국제통화기금〉 회원국을 대상으로 실시한 최근의 연구에 의하면 세계적으로 군사 지출은 1990년 세계 생산량의 3.6퍼센트에서 1995년 2.4퍼센트로 하락했는데, 그 차이는 경제 전환기에 있는 나라들과 산업국가가 만들어 냈다. 군축은 널리 퍼졌다. 같은 기간 동안에 130개 나라 가운데 90개 나라에서 군비가 차지하는 비중이 감소했고, 단지 40개 나라에서만 증가했다.[17]

평화 배당을 통해 정부는 무기를 수입하거나 군비에 지출할 돈을 다른 곳에 투자할 수 있다. 교육이나 보건 분야에 쓸지, 사회 기반 시설에 쓸지 선택할 수 있는 것이다. 그럼에도 개발도상국(그리고 북반구)에서는 군부가 매우 강력한 힘을 가지고 정치적 영향력을 발휘할 수 있는데 심지어는 군사비 지출을 줄이면 군사 정변이 일어나는 수가 있다고 협박하기까지 한다. 대개 군부는 정부에서 가장 큰 단일 관료 집단이다. 군부는 생산해 내는 것이 전혀 없고, 다만 납세자의 세금만 축낼 뿐이다. 세금은 대규모 살상 무기를 만들어 내거나 그것을 작동하는 사람들에게 간다. 군부는 부를 창출하지 않는다. 그들은 좀 더 생산적으로 쓸 수 있는 부를 이런 식으로 전용할 뿐이다. 유럽의 여러 나라가 선진국으로 발전하는 데 수백 년이 걸린 이유는 한 세기 동안 이룬 진보라도 반복되는 전쟁의 영향으로 일소되는 일이 다반사였기 때문이다.

〈스톡홀름평화연구소the Stockholm Peace Research Institute〉에 따

르면 2004년 전 세계가 쓴 군사비는 냉전 이후 최초로 1조 달러의 벽을 넘었다. '테러와의 전쟁'을 비롯해 인도와 중국이 국방비를 증액한 것이 크게 작용했다. 미국은 군사비로 1년에 4천억 달러 이상을 쓴다. 미국 다음으로 큰 군사비 지출국인 러시아도 단지 미국의 14퍼센트만 쓸 뿐이다. 미국의 군사비 지출과 맞먹으려면 미국 다음의 상위 27개국의 군사 예산을 한데 더해야 할 정도다. 그 밖에도 미국은 핵을 비축해 놓고 있으며, 120개국에 미군을 파견한 상태다. 왜 그토록 많은 사람들이 미국을 제국이자 평화를 위협하는 세력으로 간주하는지 여실히 알 수 있는 대목이다. 미국은 이라크에서 전쟁을 치르면서 그 나라 국내총생산의 두 배나 되는 비용을 썼다. 이는 1달러를 생산하는 곳에다 2달러를 투입해 파괴했다는 뜻이다.

총 아닌 빵

추정해 보면 이라크전쟁과 그 후 재건에 든 비용은 6천억 달러 정도였다. 그런데 240억 달러 정도만 있으면 배고픔에 고통 받는 사람이 없는 세계를 만들 수 있다는 사실은 확실하다. 다른 말로 하면, 전쟁에 든 비용의 단 4퍼센트만으로도 세계에서 기아를 사라지게 할 수 있다는 것이다. 지금 세계적으로 약 8억 4천만 명의 인구가 매일 밤 배고픔에 시달리고 있는데 이 정도의 돈만 있으면 그 문제가 해결된다는 말이다.

전 세계적으로 볼 때 발전이 평화를 가져오고, 용서가 사회를 치

●**국민생산**national product—국민총생산(GNP)과 국민순생산(NNP)를 통틀어 부르는 말. 옮긴이

●**빈곤을 역사로 만들자**—영국에서 〈옥스팜〉 주도로 시작되어 전 세계 70여개국의 비정부기구가 참여한 국제적인 빈곤 퇴치 운동. 빈곤국의 부채 탕감과 공정 무역, 원조 규모 확대 등을 목표로 내걸고 2005년 G8 정상 회의에 앞서 대대적인 시위로 의지를 전했다. 옮긴이

●**라이브8 콘서트**—2005년 7월 2일부터 전 세계 열 개 도시 (런던, 파리, 베를린, 모스크바, 로마, 필라델피아, 토론토, 도쿄, 요하네스버그, 에든버러)에서 "빈곤을 역사로 만들자" 캠페인과 함께 빈곤 퇴치를 촉구하며 진행된 초대형 콘서트. 50여 개 나라 55억 인구에게 생중계 됐다. 옮긴이

유하며 정의와 평화가 함께 가는 것은 하나의 인과적 연쇄를 이룬다. 유엔 역시 오래 전부터 합의하에 산업 선진국이 자국 국민생산의 0.7퍼센트를 국제 원조에 지출하도록 하는 목표를 세워 놓았다. 하지만 이런 최소한의 목표액을 달성한 나라는 네덜란드와 스칸디나비아 국가들뿐이다. 미국은 국민생산의 0.1퍼센트를, 영국은 0.33퍼센트만을 지출했다. 영국의 경우 기본 조세율에 1.5펜스나 3센트만 추가해도 목표치는 달성할 수 있을 것이다. 아니면 농업에 지원하는 직접적인 보조금을 폐지하기만 해도 원조금을 충당할 수 있다. 각 정부의 재정부 장관들은 국방이나 전쟁에 지출하는 비용과 국제 원조 혹은 평화에 지출하는 비용을 비교하지 않지만 이는 해 볼 만한 작업이다. 현재 영국 정부가 원조에 1파운드씩 쓴다고 하면 군비로는 9파운드를 지출하는 셈이다. "빈곤을 역사로 만들자Make Poverty History" 캠페인과 '라이브8 콘서트'가 2005년 스코틀랜드 글렌이글스에서 열린 최부국 모임인 G8 회의에 앞서 이러한 현안들을 건드렸다.

군대가 없는 나라들

대규모 유혈 내전에 대가를 지불하는 나라들과는 완전히 다른 경우로, 군대를 보유하지 않을 만큼 평화롭고 용맹한 나라들도 있다. 현재 28개국이 그 부류에 들어가는데, 안도라, 쿡아일랜드, 코스타리카■, 도미니카, 미크로네시아, 감비아, 그레나다, 아이티, 아이슬란드, 키리바시, 리히텐슈타인, 몰디브, 마샬군도, 팔라우,

• 깊이 읽기

코스타리카(문자적 의미는 '부유한 해변')

코스타리카는 중앙아메리카에서 오랫동안 민주주의 전통을 유지해 온 유일한 나라다. 그래서 군대를 보유하지 않는 나라가 된 것도 우연은 아니다. 코스타리카는 탄압받고 불행한 땅으로 알려진 대륙에서 상대적으로 평화와 번영을 꽃피우며 오아시스처럼 자리를 지켰다. 1년간의 군사 통치기를 거쳐야 했던 코스타리카는 1949년에 와서 군대를 폐지했다.

그러나 현재는 말의 전쟁이 한창이다. 언론을 장악하고 있는 우익과 그에 맞서 언론이 나라의 사회 전통을 재편성할까 두려워하는 전직 대통령 및 시민들의 연합 세력이 맞붙은 것이다. 언론은 코스타리카가 군대를 가지고 있지 않다는 사실과 영구 중립국인 상태, 그리고 국내 좌익 세력에 대한 관용 등을 집중 공격한다.

언론은 코스타리카를 전면 개편하여 반드시 군대를 보유해야 한다고 주장한다. 그렇지 않으면 북쪽에 이웃한 나라인 니카라과가 침략할지도 모른다는 것이다. 더 자세한 내용을 알고 싶으면, 7장 206쪽, "군대 없는 세계"의 코스타리카에 대한 설명을 참고하라.

파나마, 세인트키츠네비스, 세인트루시아, 세인트빈센트그레나딘, 사모아, 산마리노, 솔로몬제도, 투발루, 바누아투, 바티칸시티가 있다.[18]

군대 없는 나라는 더 존재할 수도 있었다. 그러나 식민 세력들은 철수하면서 본국 군대를 본 따 만든 군대와 군사력을 식민지에 남겨 놓길 원했다. 그 지역 권내에 분란이 일면 본국과 계속 협력할 수 있도록 하기 위해서였고, 더 중요하게는 예전 식민 세력인 자신들로부터 무기를 계속 구매하도록 만들 의도였다. 옛 식민 세력과 맺은 군사적 유대는 이러한 양면성을 갖는다. 양면성의 사례는 너무나 흔해서 따로 언급할 필요조차 없을 정도다. 그냥 한 가지 예만 들어도 충분할 것이다. 탄자니아가 예산을 삭감해 보편적 초등 교육을 감당할 능력이 없다는 사실을 밝힌 바로 그때에도 영국 정부는 5천3백만 달러짜리 항공 교통 관제 시스템을 팔기 위해 탄자니아에 압력을 넣고 있었다. 탄자니아는 이 시스템을 거부해 왔고, 심지어 〈세계은행〉조차 돈 낭비라고 봤는데도 말이다. 2001년 영국 정부는 세계에서 가장 가난한 41개국 가운데 31개국에 무기 수출 허가를 내줬다. 이에 해당하는 나라로는 콜롬비아, 스리랑카, 알제리, 짐바브웨 등이 있다. 만약 영국이 무기 수출을 전면 포기한다면, 단번에 국민생산의 0.4퍼센트가 줄어드는 효과가 나타날 것이다. 정부가 무기 산업을 지원하는 것이 적어도 이성적이려면 경제적 고려보다는 안보가 밑바탕에 깔려 있어야 한다.[19]

미래 희망

전쟁과 내전으로 인한 폭력이 엄청난 비용을 초래하듯이 평화
는 엄청난 혜택을 가져다 줄 수 있다. 이때 모두 함께 일할 의지도
생긴다. 다음 장에서는 평화를 이룩하기 위해 앞으로 어떻게 해야
할지 살펴볼 것이다.

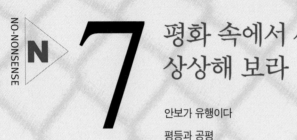

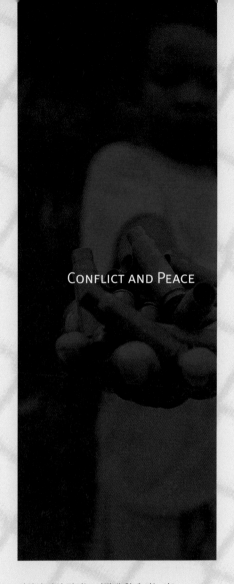

CONFLICT AND PEACE

평화와 사회 정의는 어떻게 함께 가는가?

평화를 진작하기 위한 군비 확장은 정당화될 수 있을까?

비폭력 수단을 통한 갈등 해결 사례들에 대해 알아보자.

07

평화 속에서 사는 것을 상상해 보라

이 장에서는 항구적 평화를 구축하는 일에 집중할 것이다. 간디는 내부적이고 사회적인 진보를 이루기 위해 건설적인 계획을 수립했는데 이는 적극적인 평화 구축 전략의 일환이었다. 평화와 정의는 동전의 양면이다.

"이 야만은 끝날 것이고 평화와 평정이 다시 돌아올 것이다."

―안네 프랑크(1929~1945, 나치 박해 희생자)

선불교에 날뛰는 말을 탄 사람에 관한 이야기가 하나 있다. 어떤 사람이 말을 탄 자에게 어디를 가는지 묻는다. 그러자 그는 소리 지르며 "제가 어떻게 압니까? 말한테 물어 보세요" 하고 대답했다. 이것은 무력으로 평화를 구축하는 사람들이 처한 운명과 같다. 그 사람들은 이라크전쟁에서와 같이 평화로운 사회를 어떻게 다시 구축할지에 대한 뚜렷한 전망을 갖지 못한다. 평화로 가는 길에 발을 들여 놓기에 앞서 우리가 어떻게 평화의 시기가 왔다는 것을 알아챌 것인가 하는 것도 중요하다. 물론 그때가 되면 총구는 더 이상 불을 뿜지 않고 칼도 춤추는 것을 멈출 것이다. 그러나 그것 말고 무엇을 또 기대할 수 있을까? 서서히 움직이는 것이 우리가 할 수 있는 전부일 수 있다. 심지어는 목표를 향해 두 발 나아가다 한 발 후퇴하는 일도 벌어질 것이다. 하지만 우리는 목표가 무엇이고 그 성과를 어떻게 측정할 수 있을지 분명하게 알아야 한다. 보편적 인권 같은 요소가 양도될 수 없다는 것은 분명하다. 모든 사람은 각자 자신의 종교를 유지할 권리를 가져야 한다. 자신의 양심과 언어를 말할 수 있어야 하고, 다른 사람의 자유를 간섭하거나 침해하지 않는 범위 내에서 각자의 문화를 누릴 수 있어야 한다. 그렇지만 그러한 것은 우리가 지금까지 보아 왔듯이 곧바로 달성할 수 있는 일은 아니다.

사람들이 물질적 복지를 달성하는 건 훨씬 더 어려운 일이 되었다. 물질적 복지라는 게 자원의 공유를 전제하기 때문이다. 모든 사람을 행복하게 하는 것은 점점 달성하기 어려운 일이 되고 있다. 누진세제는 가난한 사람들에게 큰 도움이 되겠지만 부유한 사람들의 부가 어느 정도 손실되는 대가가 따른다. 부자가 모든 인류가 서로 의존하며 산다는 사실(적어도 부의 재분배가 자신들의 안위를 지금보다 더 지켜줄 수 있다는 사실)을 인식하고 이타심을 발휘해 더 많은 세금을 납부하는 데 동의하기를 바라지만 그림의 떡일 뿐이다. 현재로서는 토빈세가 이러한 불균형을 바로 잡는 데 도움이 될 것으로 보인다.

'구조적 폭력'은 보통 인종, 종족, 카스

●**토빈세**Tobin Tax−단기 외환 거래에 부과되는 세금으로 노벨 경제학상을 수상한 제임스 토빈James Tobin이 주창했다. 국제 투기 자본의 급격한 자금 유출입으로 발생하는 통화 위기를 막기 위한 규제책이다. 옮긴이

트, 종교 등으로 규정된 어떤 집단의 권리가 체계적으로 거부될 때 나타난다. 예를 들어, 같은 사회 안에서 어떤 집단은 비만 때문에 음식을 폐기 처분해야 하는데 어떤 집단은 굶주리는 자기 아이들을 눈으로 지켜봐야만 한다면 '구조적 폭력'이 발생할 수 있다.

정치적 의지를 가지고 모든 사람에게 종교나 발언의 자유를 허락하도록 법을 제정하는 것은 쉬운 일이지만 모든 사람이 충분한 음식을 공급받을 수 있게 법을 제정하는 것은 훨씬 어려운 목표다. 이상적 세계에서는 굶주린 아이에게 주려고 먹을 것을 훔치는 사람을 처벌하지 않을 것이다. 뿐만 아니라 아이들을 먹이기 위해 먹을 것을 훔치는 일도 없을 것이다. 라틴아메리카의 어느 농민은 이렇게 말했다. "나는 평화를 지지한다. 하지만 배고픈 평화는 싫다."[1]

마크 소머Mark Sommer는 군대가 방어용 무기만 갖출 수 있게 한다는 골자의 평화 체계를 위한 행동 강령을 제시한다.(207쪽, "군대 없는 세계" 참고) 민간인을 훈련시켜 비폭력적으로 자위가 가능하게 하고, 실행 가능한 가장 지역적인 수준에서 문제들을 해결할 수 있게 정치적 통합을 이루며, 군수 산업을 사회적 재화를 생산하는 일로 전환시켜 '칼을 쟁기로' 바꿔야 한다는 것이다. 그리고 서로 다른 관점을 수용하고 운명을 공유하기 위한 문화 적응성도 필요하다.

안보가 유행이다

안보가 유행이기는 하지만 총은 여전히 우리 마음 속에 평화 구축의 형식을 둘러싼 의문을 제기한다. 미국처럼 모든 사람이 각자 총을 가지는 게 옳은가? 아니면 솔로몬제도의 경우처럼 경찰만 총을 갖되, 그 총조차 모두 무기고에 보관하는 것이 옳은가?[2] 군대는 때로 군비를 정당화하기 위해서라도, 그리고 대규모 병력을 유지하기 위해서라도 전쟁을 일으키는 원인이 될 수 있다는 게 사실로 증명이 되고 있다. 이 상황에서도 꼭 정규군이라는 게 있어야 하는가? 정부는 무기를 구입하는 데 돈을 써야 할까, 아니면 가난한 시민들에게 교육과 보건 서비스를 제공하는 데 돈을 써야 할까? 가난한 나라에 원조를 해 주는 국가에게 그 나라 군사비 지출을 줄일 것을 요구할 권리나 책임이 있는가? 코스타리카가 군대를 폐지했을 때 무슨 일이 벌어졌는지 살펴보면 이에 대한 답을 얻을 수 있다.(207쪽, "군대 없는 세계" 참고)

평등과 공평

마틴 루서 킹은 이렇게 말했다. "진정한 평화는 전쟁이 없는 것이 아니고 정의가 있는 것이다." 적극적 평화를 만드는 데 필요한 정의는 모든 사람의 기본적 필요를 반드시 충족시킬 것을 요청한다. 현재 세계 인구의 네 명 가운데 한 명은 최소한의 기초 생필품조차 갖추지 못한 채 잔인한 가난 속에서 살고 있다. 세계는 모든 사람들을 충분히 배부르게 먹일 수 있을 만큼의 부와 기술을 갖고 있지만 여전히 아이들은 굶주린다. 무엇이 부족해서 그런 것인가? 기아를 막아야 한다는 정치적 의지가 결여돼서 그렇다. 세

군대 없는 세계

호세 피구에레스José Figueres는 2천 명이나 되는 사람들이 희생당한 코스타리카 내전에서 승리하고 나서 1948년 12월 1일, 가히 혁명적인 발표를 했다. "코스타리카의 정규군은 오늘 부로 군대의 열쇠를 학교에 넘겨 줍니다. (…) 정부는 이제 정부군이 공식적으로 폐지되었음을 선포합니다." 그 결과 코스타리카의 한정된 자원은 사회간접자본, 특히 교육과 보건에 집중되었고 그 덕에 코스타리카는 중앙아메리카와 남아메리카에서 가장 높은 생활수준을 누리는 나라가 되었다. 노벨평화상 수상자이자 전 코스타리카 대통령 오스카 아리아스 산체스Oscar arias Sánchez는 다음과 같이 회고한다.

"군대를 폐지함으로써 우리는 수렁에 빠지지 않을 수 있었습니다. 이 수렁은 지난 몇십 년간 우리 이웃나라들을 천천히 집어삼켰지요. 깊어지는 가난과 잔혹한 군사적 압정, 게릴라전과 외국 군대가 주둔하는 상황이 이어졌습니다. 만약 코스타리카가 1980년대에 군대를 보유하고 있었다면 우리 역시 온두라스처럼 되었을 것입니다. 니카라과 정부와 대치하면서 미국의 전초기지로 전락했을 것입니다. 그렇지만 우리는 그 대신에 지역 평화 계획을 진작시킬 수 있었고, 우리 경제는 계속 성장했으며 새로운 학교도 지을 수 있었습니다."

현재 열네 나라가 코스타리카의 예를 따라 헌법 개정을 통해 군대를 폐지했다. 스물여덟 나라는 육군을 보유하지 않는다. 아리아스는 또한 이들 나라 중에서 파나마와 아이티 대통령이 군대를 폐지할 수 있도록 격려하고 지지했다.

"제 목표는 그들에게 총 가진 사람들이 지배하지 못하게 막는 것이 중요하다는 것을 인식시키는 데 있습니다. 군대를 폐지하면 우선 쿠데타의 위험이 줄어듭니다. 그렇지만 군대 폐지와 더불어 군인들의 사회 재통합을 위한 종합적 프로그램이 세워져야 합니다. 그렇지 않으면 무장 집단이 서로 다른 깃발 아래 다시 조직될 수도 있습니다."

▶출처─크리스 리처드Chris Richards의 인터뷰, *New Internationalist*, 381, August 2005.

계가 주권국가로 나뉘어 있는 데서 오는 치명적인 결점 중 하나가 바로 적극적인 동정심이 국경에 가로막혀 나아가지 못한다는 것이다. 민주주의는 보통 자국민을 굶주리게 놔두지는 않지만 그렇다고 그들의 관심이 다른 나라로까지 확대되지는 않는다.[3] 말라위같이 가난한 나라가 이웃 나라에서 온 난민들을 몇 년 동안 받아들인 것은 예외적인 일이었다. 그와는 달리 짐바브웨의 대통령 무가베는 민주주의와 굶주림의 상관관계를 새롭게 왜곡시켰다. 무가베는 선거 전날 자신의 정적들에게 "나를 찍어라, 그렇지 않으면 너희 아이들이 굶주리는 것을 보게 될 것이다"라고 하면서 적들에게는 식량 원조를 해 주지 않았다.

폭력 없는 미래

평화 구축의 목표는 폭력이 없는 미래다. 즉, 차이와 갈등이 존재하지만 폭력이나 유혈 충돌에 의존하지 않고 문제를 해결하는 미래를 꿈꾼다. 불가능하게 들리는가? 다시 생각해 보자. 세계에는 탄압 정권을 최소한의 폭력으로 전복한 많은 사례가 있다. 어떻게 이런 일이 일어날 수 있는가? 정치인, 외교관, 그리고 중재자 등

로버트 무가베Robert Mugabe, 1924~

1980년 짐바브웨의 건국과 더불어 총리직을 수행했으며 1987년 총리제 폐지 후 현재까지 대통령으로 연임하면서 장기 집권하고 있다. 부정선거와 경제 실정, 개인 치부 등 폭정으로 유명한 그는 2009년 『워싱턴포스트』 선정 '세계 최악의 독재자' 1위에 이름을 올리면서 그 악명을 널리 떨치고 있다. 짐바브웨는 혹독한 인플레이션에 시달리면서 실업률이 85퍼센트를 넘나들고 인구 절반이 굶주리고 있는 상태다. 옮긴이

이 그러한 과정을 촉진시키는 것은 사실이지만 대부분은 당신과 나처럼 폭력을 사용하지 않는 보통 사람들에 의해 이루어졌다. 상대적으로 이 많은 이야기들 가운데 일부만 제대로 조사됐으며, 그 중에서도 극소수만 공표됐을 뿐이다. 무엇보다 전쟁을 저지한 외교 혹은 비폭력 행동에 대한 뉴스를 들어본 게 언제가 마지막이었던가? 필리핀에서 마르코스 정권을 몰아낸 '피플 파워' 혁명과 같이 잘 입증된 사건들조차 벌써 잊혀져 먼지 낀 책장에 처박힌 지 오래되었다. 슬프게도 이런 이야기들로부터 우리가 **배우는 것**은 우리에겐 그럴 의지가 없거나 그럴 능력이 없다는 사실이다. 물론 이것은 외교의 실패라거나 분쟁 예방의 실패, 혹은 소위 군사 개입의 '성공'이라고 부르는 것들과는 완전히 다른 의미다. 그런 말들은 추가적인 군사 개입을 정당화하기 위해 나온다는 것을 항상 기억해야 할 것이다.

필리핀의 해결책

필리핀 대통령 퍼디난드 마르코스는 15만 3천 명의 군사를 지휘하는 대통령이었지만 1986년 비폭력 항거에 의해 축출되었다. 많은 사람들이 비폭력 운동의 성공으로부터 얻은 교훈에 별로 흥미를 갖지 못하는 것은 그러한 극적인 이야기들의 대다수가 되풀이되기란 너무 힘든 것처럼 보이기 때문이다. 그럼에도 아래에 나오는 것처럼 마르코스의 부패 권력을 끝장낸 일련의 사건은 다른 여러 곳에 풍부한 통찰력을 제공한 것만은 분명하다.

그 가운데 하나로 방송이 한 역할을 들 수 있다. 〈라디오베리타스Radio Veritas〉는 사람들에게 반군을 지지해달라고 호소한 '우호적인' 방송국이었다. 그 밖에도, 파업, 보이콧, 여러 가지 형태의 시민불복종 운동 등이 나라를 뒤흔들었다.

밀로세비치를 전복시키다

이와 동일한 전략이 세르비아에서도 엄청난 효과를 발휘했다. 2000년의 부정선거 뒤에 터진 콜루바라의 석탄 광산 파업에서 시작한 이 저항은 결국 벨그레이드에서 대규모로 조직된 비폭력 저항 운동을 불러일으켰고 그 결과 그해가 가기 전에 밀로세비치 권력을 전복시켰다. 그 어느 것도 인산인해를 이룬 인민의 힘을 막을 수 없었다. 마닐라 거리에서처럼 이곳에서도 경찰은 눈에 띌 만한 전략적 행동이나 인민들에게 위해를 가하는 일은 아무것도 하지 않았다. 세르비아 혁명을 위해 뛰는 야당 지도자 중 한 사람은 "우리는 군경과 비밀리에 대화했다. 명령 불복은 하지 않겠지만 그렇다고 명령 이행도 하지 않겠다는 것으로 거래는 이루어졌다"라고 말했다.

"만약 그들이 '노'라고 말한다면 다른 부대가 차출될 것이기 때문에 '노'라고 하지 않겠다는 것이다. 그들은 밀로세비치가 작전을 명하면 '예스'라고 말할 테지만 아무것도 하지 않을 것이라고 우리에게 전했다."

비폭력이 이긴다

앞의 두 이례적인 사례 모두 평화적 행동을 전략적 무기로 사용한다는 점에서 공통분모를 갖는다. 두 경우 모두에서 정부 반대 세력은 폭력을 사용할 수 있었지만 그렇게 하지 않았다. 세르비아에서 가장 성공한 반정부 운동 가운데 하나인 〈오트포〉는 매우 분명한 비폭력 정책을 견지했다.[4] 〈오트포〉는 만약 그들이 밀로셰비치의 막강한 심복들과 싸운다면 그들의 세력만 키워 반체제 인사를 탄압하는 데 더 큰 힘만 쥐어 주는 꼴이 되리라는 사실을 잘 알고 있었다.

●〈오트포otpor〉−1998년 만들어진 '저항'이라는 뜻의 세르비아 비폭력 단체. 거리 공연, 그라피티, 유행어, 유머 등 대중문화 요소를 적극 활용하면서 밀로셰비치 정권을 조롱하고 비판하는 데 앞장서 민주화 열기를 고취시켰다. 옮긴이

필리핀에서 초기 거사 공모자들은 대통령궁을 쳐 마르코스를 생포하거나 죽일 계획을 세웠다. 그런데 그 거사 계획이 누설되어 대통령 귀에 들어갔고, 덫이 설치되었다. 수천 명의 해군이 반격 준비를 갖춘 채 기다린 것이다. 만약 반군이 계획대로 거사를 일으켰다면 모두가 다 몰살당했을 것이다. 그리고 마르코스는 자신에게는 물론이거니와 그의 국민 그리고 전 세계인을 향해 무장반군이 자신을 죽이려 거사를 일으켰다고 떠들어 대면서 피를 부르는 훨씬 더 가혹한 압제를 정당화하려고 했을 것이다. 설사 모반 주도자들의 계획이 발각되지 않아 마르코스를 살해하는 데 성공했다 하더라도, 일개 쿠데타 세력이 마르코스 정권에 열성적인

충성을 바치던 나머지 군 세력을 무력화할 수 있을까? 그 쿠데타는 국민들로부터 환영을 받을 수 있었을까? 또 민주적으로 선출된 저항 지도자를 지지하며 새 정권을 출범시켰다 할지라도 무력으로 정권을 잡았다면 국제사회는 이 정권을 합법한 것으로 수용할 수 있었을까? 주변 상황의 영향도 있었고 계획한 결과이기도 했겠지만, 궁극적으로 비폭력 행동은 전략적인 으뜸패가 되어 정권을 흔들고 몰락에 이르게 했다. 남성, 여성, 아이, 신부, 수녀, 시민 반군 등, 수백 수천 명의 시위자들이 군사적 행동을 차단하고 나섰다. 마르코스는 마침내 미국에게도 버림받는다. 나아가 그는 자신의 군대가 평화 시위를 하는 민간인들을 향해 발포하라는 자신의 명령을 거역할 것이라는 사실도 깨닫게 되었다.

프랑스에서 생긴 일

이런 사례는 일반적으로 생각하듯 그렇게 드문 일은 아니다. 비시 프랑스 치하 작은 마을에 유대인들이 숨을 곳을 찾아 도망쳐 왔고 그들을 색출하려는 나치에 마을 공동체가 합심하여 저항했다. 그 지역 군사령관인 슈메홀링 소령은 게슈타포 책임자인 메츠거 대령에게 마을 사람

●비시 프랑스Vichy France—
온천으로 유명한 비시 지방에는 제2차 세계대전이 한창이던 1940년 7월부터 1944년 6월까지 M.P.페탱을 원수로 한 프랑스 정부가 존재했고, 점령국 독일의 영향력 아래 놓여 있었다. 옮긴이

들과 싸우는 것이 얼마나 쓸데없는 짓인지를 설명했다.

"나는 메츠거에게 이들의 저항이 전혀 폭력적이지 않으니 우리

가 폭력으로 파괴할 하등의 이유가 없다고 말했다."

폭력을 떠나 보낼 198가지의 길

탄압에 대한 평화적 저항은 갈등을 종식시킬 수 있는 유일한 길이다. 진 샤프Gene Sharp는 『비폭력 행동의 정치The Politics of Nonviolence Action』에서 비폭력 활동가들이 취할 수 있는 198가지의 서로 다른 수단들을 보여 주는데 모두가 다 실제 현장에서 적용해 본 경험에서 우러나온 것들이다. 세르비아의 평화 혁명가들은 샤프의 책을 자기 나라 말로 번역해 지침서로 삼았다. 샤프가 작성한 목록 말고도 수백 가지 기술을 더 추가할 수 있다. 유혈 사태를 미리 막거나 봉쇄하거나 끝장내는 데 도움이 되는 기술, 그리고 지속 가능한 평화를 격려하고 굳히고 세울 때 필요한 기술들이다. 필리핀 피플 파워 혁명에서와 같이 극적이지는 않지만 수많은 비폭력 행동들이 미치는 영향력이 그보다 더 뛰어나지 않다고 말할 수는 없다. 예를 들어, 20세기 가장 혹독한 두 개의 내전이라 하는 모잠비크 내전과 과테말라 내전은 정부 대표단에 의해서가 아니라 일반 시민의 협상에 의해 결론이 났다. 그 이야기를 들어 보면 일반 시민에게도 갈등을 종식시킬 힘이 있다는 것을 알 수 있다. 평화를 만드는 것은 결코 정부나 전문가들에만 맡겨 놓을 수 없고 그래서도 안 된다. 평화를 증진하는 데 우리가 할 수 있는 일은 수없이 많다.

평화가 싹틀 공간

갈등을 다뤄 온 방식을 전환시키고자 할 때, 비폭력적인 요소를 평화 구축과 평화 유지의 모든 국면에 포함시키는 건 필수적이다. 지구적 권력 구조 안에 구축돼 있고 지역 수준에서 목격되고 있는 착취의 현실이 곧바로 문제로 제기되지 않는다면 지속 가능한 회생 작업에 필수적인 가치는 자리를 잡지 못할 것이다. 최근 이루어지고 있는 평화 구축 노력은 갈등의 구조적 원인을 밝혀내는 데 실패해 적대적인 협상의 여지만 남겨두었으며, 결국 평화유지군에 의한 치안 유지에 기대고 있는 실정이다. 총성이 오가는 와중에는 평화유지군이 개입해 잠깐의 휴전을 확보할 수 있겠지만, 불화의 진정한 사회·경제적 원인이 심각하게 다뤄지지 않는다면 그 싸움은 다시 시작될 수밖에 없다. 전 집단의 사람들이 자신이 정한 필요를 충족시키려면 모두 함께 일할 필요가 있다. 그들이 평화로운 방법으로 불일치를 해소해 나갈 수 있게 기술들을 전수해 주고 지원해 주는 것 역시 중요하다. 그렇지 않으면 이라크나 아프가니스탄, 솔로몬제도의 평화 구축 계획은 더 심각한 폭력의 씨앗을 뿌리는 위험한 일이 된다. 민주주의와 민간인의 참여는 앞으로 시간을 두고 개발해야 할 하나의 문화 유형이다.

널리 알려져 있고 누구나 이해하는 말이기 때문에 '비폭력'이라는 용어를 사용하지만, 사실은 불행하게도 그 어휘가 갖는 부정성은 마치 밝음을 '비非어둠'이라고 하는 것과 같다. 그러니 비폭력이라는 단어에만 갇혀 있을 경우, 비폭력을 평화를 위한 노력에 결합

> 평화협정이 전쟁의 국면을 종식시킬 수는 있어도 전쟁의 조건을 종식시킬 수는 없을
> 것이다. 그 조건은 새로운 적개심을 터뜨릴 새로운 구실을 제공할 수 있다.
> ─임마누엘 칸트(1724~1804, 철학가)

시킬 가능성도 그만큼 사라지게 된다.

우리는 삶과 즐거움으로 가득 찬 더욱 긍정적인 이미지를 마음
속에 새겨두어야 할 필요가 있다. (215쪽, "평화를 향해" 참고)

평화를 위한 일에 매진해야 한다. 갈등을 종식시키려는 사람은
사회·경제적 요인들이 어떻게 갈등을 야기시키고 나아가 그 요
인들이 어떻게 바뀔 수 있는지를 이해해야만 한다. 이는 전 지구
적 경제체계가 지역공동체에 어떤 영향을 끼쳤는지 해당 공동체들
과 논의해야 한다는 뜻이다. 마찬가지로 회복기에 있는 나라가 전
지구적 경제체제에서 어떤 위치에 설 것인지에 대해서도 논의해야
한다. 세계에서 가장 최근에 건국된 동티모르는 자국 내 천연자원
인 석유와 가스에 대해 더 동등한 권리를 쟁취하기 위해 지금 투쟁
하고 있다. 현행 조약을 재협상하지 않는다면 천연자원에서 얻는
수익은 새 정부에 돌아가지 않을 것이고 동티모르는 계속되는 가난
에 허덕이게 될 것이다. 갈등의 근본 원인을 분석하다 보면 인도네
시아의 경우처럼 어떻게 엘리트의 이익을 보호하기 위해 군부 권력
이 이용되었는가를 설명할 수 있고 어떻게 젠더와 같은 관계들이
평화 문화를 구축하는 데 참여하려는 사람들의 잠재력을 제한해 왔
는지를 설명할 수 있을 것이다. 그러한 분석의 결과, 전쟁으로 찢긴
공동체 안에서 적극적 평화의 전망을 발전시킬 수 있을 것이다.

평화를 향해

비폭력과 평화를 위해 우리가 할 수 있는 일에는 여러 단계가 있다.

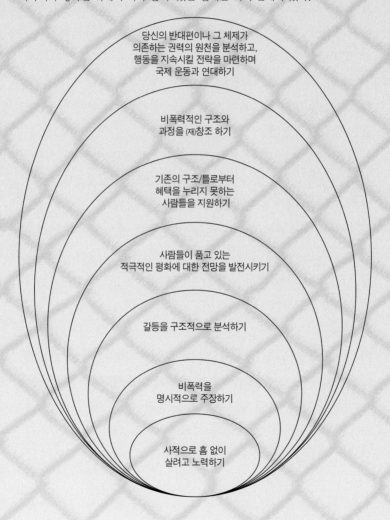

당신의 반대편이나 그 체제가
의존하는 권력의 원천을 분석하고,
행동을 지속시킬 전략을 마련하며
국제 운동과 연대하기

비폭력적인 구조와
과정을 (재)창조 하기

기존의 구조/틀로부터
혜택을 누리지 못하는
사람들을 지원하기

사람들이 품고 있는
적극적인 평화에 대한 전망을 발전시키기

갈등을 구조적으로 분석하기

비폭력을
명시적으로 주장하기

사적으로 흠 없이
살려고 노력하기

'우리 머리 위에 있는 것은 오로지 하늘뿐'

사람들이 다시 꿈꿀 수 있는 공간이 만들어져야 한다. 전 비틀즈 멤버 존 레논은 "모든 사람이 평화 속에서 사는 삶을 꿈꿔 보아요Imagine all the people living life in peace"라는 노랫말로 자신의 비전을 노래했다. 적극적 평화의 전망은 지역 주민들이 무엇을 원하느냐에 따라 달라질 수 있다. 그것은 사정에 맞는 적절한 민주주의를 정착시키기 위해 노력하는 것일 수도 있고 자립적인 지역경제를 세우는 것일 수도 있으며 사회 각 수준에서 평화를 실천해 나갈 수 있는 방법을 고안하는 것일 수도 있다.

이런 전망은 기존의 경제구조로부터 혜택 받지 못한 사람들을 지원한다. 여성, 도시 노동자, 그리고 공식 경제로부터 배제당한 하층민, 토지를 소유하지 않은 자, 빈농, 토착민 등이 이에 들어간다. 미래에 관해 어떤 결정을 내리려 할 때는 권력을 가진 사람 말고 모든 사람이 자기 목소리를 내야 하고 그 일에 참여해야 한다. 그러나 가장 어려운 점은 어떤 사람들은, 특히 여성들은 민주주의를 요구하며 끝없이 이어지는 회의와 토론에 참여할 시간을 갖지 못한다는 데 있다. 여성은 평화 구축에 힘을 가진 행위자다. 솔로몬제도의 〈평화를위한여성회〉와 〈평화와자유를위한부갱빌여성회〉가 했던 행동을 보면 우리는 들불처럼 폭력이 번져가는 상황에서도 여성이 얼마나 평화를 증진시키는 데 큰 역할을 할 수 있는지를 알 수 있다. 모계 사회에서부터 모든 이에게 영향을 끼치는 평화 구축 전략을 만들 힘을 키워 온 이는 여성이었다. 여성들은 전직 군인과 희생자, 그리고 그들의 가족을 위한 트라우마 치료소를 운영한다. 여성들은 교육 체계를 다시 세우고 그 안에서 서로의 차이를 해소하는 교수법을 계발한다. 여성들은 새 헌법에 대해 논쟁하면서 화해와 정의 실현을 위한 지도자로 일한다.[5]

앞서 보았듯이 평화의 전망은 분명하게 비폭력적이어야 하고 동시에 체계적인 방법으로 그 폭력의 원인을 밝혀 내야 한다. 많은 사회에 깊이 뿌리 박힌 군국주의를 변화시키고 차라리 평화 강제라고 부르는 게 나을 평화 유지 활동을 변화시키는 일 역시 이러한 평화 전망 안에 들어가야 한다.

〈평화의증인〉이나 〈국제평화여단〉[6] 같은 단체의 활동을 촉진함으로써 각 공동체가 평화 구축을 위한 절차를 밟아나갈 때 필요한 중립지대를 만들 수도 있다. 〈국제평화여단〉은 인권 증진과 분쟁의 평화로운 해결을 위해 활동하는 비정부기구다. 그들은 당사국의 초청을 받아 탄압과 분쟁이 있는 지역에 자원봉사자 팀을 파견한다. 자원봉사자들은 인권 수호

●〈**평화의증인**Witness for Peace〉―미국에 근거지를 둔 단체로 1983년 레이건 행정부가 니카라과 반군을 지지하자 이에 반발하여 설립됐다. 니카라과 사태가 종결되자 관심을 넓혀 콜롬비아와 멕시코를 비롯한 라틴아메리카와 카리브해 나라들의 문제에 개입하기 시작했다. 옮긴이

자와 정치 폭력에 노출된 사람들과 함께 다닌다. 라틴아메리카와 아시아에서의 경험을 토대로 입증된 사실은, 정부의 지원을 받는 깡패 집단이라고 할지라도 외국 감시단이 있으면 함부로 행동하지 않는다는 것이다. 지역의 자기 운영 모델을 발전시키고 지원하는 활동도 빼놓을 수 없다. 또 재생에너지 사용을 통해 자립할 수

아르헨티나의 실종자 어머니들

열네 명의 여성이 부에노스아이레스 한복판의 5월광장에 모였다. 그들은 아르헨티나의 잔인한 군사 독재 정권 아래 실종된 자신의 아들딸에게 무슨 일이 일어났는지 추궁하고자 내무부 장관과의 면담을 요청하고 있었다. 처음 모였을 때는 아무도 그들을 돕지 않았다. 그들에게 관심 갖는 사람은 아무도 없었고 심지어는 젊은이들이 실종되고 있다는 사실조차 믿지 않았다. 아이들이 거리에서 사라졌다. 집에서, 부모가 보는 눈앞에서도 사라졌으며 사무실에서, 그들이 대학교에서 집으로 돌아오는 와중에도 사라져 갔다.

대부분의 '실종자'는 다시는 그 소식을 들을 수가 없었다. 감옥에 갇혀 고문을 당한 뒤 총살당하거나 두들겨 맞아 죽었고 산채로 비행기에서 떨어져 바다에 빠져 죽었다. 1976년부터 1979년 사이의 추악한 전쟁Dirty War이라는 가장 악랄한 이 시기에 3만 명이 실종되었다. 군사 독재 정부는 이렇게 사라진 젊은이들을 국가의 적이자 '체제 전복자'로 규정했다. 그 젊은이들이 진 죄라고는 가난한 자를 돌보고, 정부를 반대하는 집회에 참가한 것, 또 그런 모임에 참가한 사람들의 자매요, 형제요, 친구인 것밖에 없었다.

집회에 참석한 어머니들은 눈에 띄도록 기저귀 천으로 만든 하얀 머릿수건을 둘렀다. 이 기저귀 천은 대개 그들의 자식들이 사용했던 것이지만 지금은 존재한다는 게 불가능한 미래의 손주들을 위해 아껴 두었던 것이기도 했다. 그 용기를 만든 것은 좌절이었다. 어머니들은 처음에는 국회의사당 앞 공원 벤치에 모이기 시작했다. 어머니들은 자기 자식들이 어디에 있는지 알려 달라는 내용의 한 쪽짜리 홍보물을 만들었고 수만 명 시민들의 서명을 받아 대통령에게 청원했다. 1978년 아르헨티나에서 월드컵 축구 대회가 개최되었을 때 어머니들은 세계 언론의 이목을 끌었다. 군사 독재 정부가 결국 무너진 후에도 어머니들은 민주적으로 선출된 정부가 추악한 전쟁 기간 동안 인권을 유린했던 자들을 사면하고 그들의 과오를 용서해 주려고 하자 그에 맞서 싸움을 계속했다. 어머니들은 발굴된 유골을 확인하기 위해 유전자 데이터 뱅크를 세웠다. 어머니들의 투쟁은 그들의 남은 아들딸들이 이어받았고, 〈신원 확인과 정의를 위해 싸우고 망각과 침묵에 맞서 싸우는 자녀들(HIJOS)〉이라는 조직이 결성되었다.

어머니들은 지금도 매주 목요일이면 5월광장을 걷는다. 광장 중앙에는 피라미드 모양의 자유상이 있고 주변에는 흰색의 세라믹 원이 하나 그려져 있는데 어머니들은 이 원 주위를 30년 넘게 돌고 있다. 그들이 두르는 흰색의 머릿수건에도 상징이 박혀 있다. 실종된 아이들의 이름이 푸른색의 십자 모양으로 수놓아져 있는 것이다. 이제 어머니들이 걸어온 길은 기억으로 남겨져 많은 사람들이 그들을 존경하는 마음으로 그들과 함께 걷는다. 노벨 평화상 후보자로 추천된 〈5월광장 어머니회〉는 이제 '원 안에서' 모두 함께 서로 의지하며 독재에 항거한 여성의 우상이 되었다. 아직도 5월광장을 걷는 사람들의 깊은 눈동자에서 우리는 겪어 온 고통, 기억된 고통, 그리고 극복된 고통에 대한 가르침을 얻는다.

▶출처—www.peaceexpeace.org/peacepapers/plazamayo.html

있게 돕기도 한다. 예를 들어, 부갱빌에서 9년 동안 교통과 경제가 봉쇄된 상황을 겪으면서 공동체들은 생존을 위한 고유 기술들을 고안하게 됐다. 그들은 각 마을에 전기를 공급하기 위해 소규모 수력발전 계획을 세웠고 마을 학교를 지어 운영하고, 교사와 간호사를 양성했으며 나아가 디젤유를 대체하는 코코넛 기름을 찾아내 전기 발전기와 수송용 차량에 연료로 사용하였다.

마지막으로 평화 창조는 자기 자신에서부터 시작한다는 사실을 인식하는 것이 중요하다. 평화를 연구하고 실천하는 사람들이라면 그 실천을 통해 개인적으로도 온전한 삶을 살 수 있을 것이다. 분쟁 중이거나 분쟁이 끝난 뒤에 외부 활동가들이 활용할 수 있는 가장 강력한 방법은 문화적으로 민감할 수는 있겠지만 갈등을 전환시키는 데 필요한 가치, 태도, 행위를 보여 주는 것이다. 말하자면 단순하게 살고, 지역이 주도적으로 먼저 시작한 것을 지지하고 의견 불일치를 평화롭게 해결할 방법을 찾아보는 것, 또 모든 당사자의 의견과 그들이 필요로 하는 것을 존중해 주고, 그들의 목소리를 너그럽게 들어 주며 갈등 상황과 연루된 모든 지역 주민들과 밀접한 관계를 구축하는 것이다.

> "전쟁은 우주와 같았다. 그 덕분에 우리는 창의적이 되었고, 우리 스스로 생각하게 되었으며, 생존해 나갈 대안을 찾아냈다. (…) 우리는 외부의 지원에 의존해 온 우리의 처지를 돌아봤고, 이제는 공동체에 기반을 둔 발전을 시작해야 한다는 것을 알게 됐다." –〈평화와자유를위한부갱빌여성회〉

폭력의 구조가 국제 체계 안에 확고하게 자리 잡았기 때문에 평화 구축은 평화롭고 정당하며 지속 가능한 세계를 만들기 위한 장구한 국제적 투쟁의 맥락에서 살펴볼 필요가 있다. 예를 들어, 아프리카는 폭력에 의해 가장 심하게 찢겨 나간 대륙이고 그래서 가장 가난하다. 가난은 아프리카가 채무 불이행을 해서 생긴 결과가 아니다. 외부 세계로부터 가장 많이 착취당했지만 반대로 얻은 것은 없는 대륙이 바로 아프리카기 때문이다. 노예제가 드리운 그림자는 아주 길다.

> "만약 당신이 당신의 적과 평화롭게 지내고 싶다면, 그 적과 함께 일을 해야 한다. 그러면 그 적은 너의 짝이 될 것이다."
> ―넬슨 만델라(1918~, 전 남아프리카공화국 대통령)

결론

이 장에서는 분쟁 이후, 단순히 다시 폭력 사태가 일어나기 전 일시적 소강상태를 맞기 위해서가 아니라 진정한 평화를 확실히 정착시키기 위해 필요한 몇 가지 가능한 방법들을 제안했다. 각각의 방법은 단독으로 작동할 수는 없고, 동심원을 구성하는 일부로서 작동한다. 원칙 있고 혁명적인 비폭력 철학과 실천들이 평화 구축과 갈등 전환을 위한 전략과 이론으로 엮인다면 계속된 폭력이 가져다주는 황폐화로 고통 받는 공동체에 새로운 희망을 줄 수 있을 것이다. 비폭력에 확실하게 헌신한다면 평화 구축 전략은 구조적 폭력의 해체로 이어질 것이다. 갈등의 잠재 요소를 변화시키고 장기적으로 평화 문화를 정착시킬 수 있을 것이다. 평화란 소란이나 말썽, 고생 같은 것이 없는 상황을 의미하지 않는다. 평화는 이런 모든 상황에서도 당신이 다른 사람들을 돕기 위해 일한다는 이유만으로 당신의 마음 한복판이 여전히 고요한 상태를 뜻한다.

> "다른 세계는 그냥 가능할 뿐만 아니라, 지금 우리가 가는 길에 있다."
> ─아룬다티 로이(1961~, 인도의 작가이자 활동가)

NO-NONSENSE

N ▷ 부록

씨앗, 토양, 땀

한 언론인이 중재자 존 폴 리더라크John Paul Leaderach에게 여전히 격전이 벌어지고 있는 상황에서 협상이 가능하겠느냐고 물어 왔다. 리더라크는 말했다.

"희망이라는 것은 협상할 수 없습니다. 희망은 고통의 깊이를 이해하고 자기 자식과 손자들을 위해 가능한 변화의 한계선을 정하는 데 드는 비용을 아는 사람들에 의해 생생하게 지켜지는 것입니다. 오랜 폭력과 갈등 상황을 신속하게 정리하는 것은 마치 씨앗과 토양, 그리고 땀을 모른 채 밭을 가는 것과 같습니다. 이 분쟁은 십 년 세월을 넘어 한 세대를 지나오기까지 계속돼 왔습니다. 그것을 해결하기 위해서는 그만큼의 시간이 걸릴 겁니다."

NO-NONSENSE

평화란 무엇일까?

세계적으로, 전쟁의 부재다.

지역적으로, 국제 체제 안에서 힘의 균형이 이뤄지는 것이다.

국가적으로, 적극적인 의미에서 구조적 폭력이 없는 상태다.

사회적으로, 여성주의의 입장에서 남녀가 평등하고 가정에서나 개인의 차원에서나 폭력이 배제된 상태다.

경제적으로, 전체를 생각할 때 환경 역시 고려 대상이다.

개인적으로, 정신적인 것이며 각자에게 내적인 어떤 것이다.

화염에 타는 석유

많은 나라들이 콩고민주공화국에 정치적이면서 자원과 연계된 이해관계를 갖는다. 앙골라, 나미비아, 짐바브웨 그리고 수단은 로랑 카빌라Laurent Kabila 정부를 지지하는 반면 르완다와 우간다는 키부 동부 지역의 통제권을 확보하기 위해 군사적으로 싸우고 있다.

모두에게 열려 있는 콩고민주공화국의 그 막대한 자연 자원이 분쟁에 불을 붙이는 것이다. 어떤 교전국들은 그 전쟁에 개입할 자금을 마련하기 위해 국가 군사비 예산을 사용하기도 하고, 어떤 개인들은 권력에 붙어 약탈에 가담하기도 한다. (…) 분쟁에 관련된 모든 당사자들은 전쟁 경비를 충당하기 위해 광물을 수출하고 있다. 이는 결국 평화를 위한 지렛대의 힘을 약화시킨다.

빈곤에 찌든 나라 안에서 땅과 자원 그리고 더 유리한 위치를 확보하기 위한 경쟁은 더 치열할 수밖에 없고 따라서 투치족과 비非투치족 사이의 경쟁을 훨씬 더 격화시킨다. 반군이 통치하는 영토 안에서 풍부한 광물과 곡물 수출 그리고 북北키부 주 마시시와 같은 지역에서의 토지 가치 때문에 이해관계가 더 첨예해진다. 또 경제 붕괴와 인구 압력은 불안과 적개심을 키우는데, 이것이 많은 군사 세력들이 힘을 키우는 좋은 기반으로 작용한다.

▶출처—J. Prendergast and D. Smock, *Putting Humpty Dumpty: Reconstructing Peace in the Congo* (USIP 1999)

종교적 분리를 극복한 술라웨시

인도네시아 술라웨시에서 각 공동체가 한 자리에 모이는 치유 프로그램이 진행되었다. 분쟁을 어떻게 느끼는지 서로의 경험을 이야기하는 자리였다. 사람들은 증오나 불안, 의심을 말했다. 포소는 주민 대부분이 기독교인이거나 무슬림이고 불교도와 힌두교도가 약간 있는 매우 종교적인 지역이다. 그래서 관계자들은 지역 종교 지도자들의 도움을 받으면서 주민들과 가까워졌다. 선택된 자원 봉사자들은 토론이나 스포츠, 미술을 활용하거나 학교가 파괴되어 버린 아이들을 위한 대안 학교를 통해 공동체를 치유하는 훈련을 받도록 하였다. 기독교인들과 무슬림 공동체를 방문하는 프로그램도 있었다. (…) 주민들은 그들 모두가 희생양이고 평화라는 같은 목표를 지향한다는 사실을 공동으로 이해하게 되었다. 2002년 8월 소요에서는 아주 강경한 것으로 알려진 어떤 무슬림 마을이 기독교인들을 공격하는 데 가담하지 않겠다고 했고, 이윽고 주변의 이웃들과 폭력을 줄이는 방안을 고민하기 시작했다.

▶출처 - *Oxfam Horizons 2* (4) December 2002.

시나이, 유엔의 첫 평화 유지 임무

오늘날 우리가 생각하는 유엔의 평화 유지 활동은 1956년 이전까지는 존재하지 않았다. 유엔이 시나이 반도*에 병력을 보내 영국과 프랑스, 이스라엘 군대가 이집트에서 철수하는 것을 감시한 것이 평화 유지 활동의 시초였다. 이들 세 나라는 이집트가 수에즈 운하**를 국유화하자 시나이 반도를 침공했던 것이다. 유엔은 1967

년 이집트가 유엔군 철수를 요청하고 즉각적으로 전쟁을 재기하기 전까지 10년 동안 머물면서 평화를 지켰다.

---

*아프리카와 아시아를 잇는 삼각형 반도로, 서쪽은 수에즈 만과 수에즈 운하가 동쪽에는 아카바 만과 네게브 사막이 위치하고 있다.

**영국은 수에즈 운하 지분의 상당 부분을 소유하고 있었기 때문에 이집트의 운하 국유화는 영국과 이스라엘, 프랑스가 연합해 이집트를 공격하는 제2차 중동전쟁으로 발전하게 된다. 미국과 소련의 개입으로 1956년 정전이 이뤄져 유엔 총회에서 점령군 철수가 결의된다.

NO-NONSENSE

온통 지뢰밭

전 세계적으로 한 달에 적어도 천 명 이상이 지뢰 사고로 죽는다. 캄보디아에서는 236명당 한 명꼴로, 앙골라에서는 470명당 한 명꼴로, 또 북부 소말리아에서는 천 명당 한 명꼴로 지뢰 때문에 손발이 잘려 나간다. 이 나라들에는 전 국토에 걸쳐 어딘지 모르는 곳에 지뢰가 묻혀 있다. 〈적십자〉의 국제위원회는 지뢰 사고를 당한 사람들 가운데 생존한 사람들 중 부상자 넷 가운데 한 사람 정도만 사고 직후 6시간 이내에 치료를 받았고, 치료를 위해 세 시간 이상 떨어진 곳으로 이송돼야 했던 경우는 여섯 사람당 한 사람꼴이라고 전한다. 대개 치료를 위해 부상자는 적어도 두 차례의 수술을 받아야 한다. 성장하는 아이들은 예상할 수 없는 어려움을 안게 된다. 여러 번 수술을 받아야 하는 데다 6개월마다 보철물을 새로 끼워야 하기 때문이다. 사고를 당한 아이는 평생 스무 차례 정도의 보철물 교체가 필요하며 그 비용은 3천 달러에 이른다. 이는 연간 소득이 3백 달러는 되는 나라에서나 가능한 일이다. 이런 [지뢰 사고가 빈번하게 일어나는] 나라에서 구할 수 있는 대부분의 일자리는 신체가 온전한 사람들을 필요로 하기 때문에 부상자는 배제될 수밖에 없다.

바람 잘 날 없는 세계

2003년 무력 분쟁은 여전히 세계 전역에 만연해 있다. 가장 전쟁이 많이 발생하는 지역은 아프리카와 아시아다. 전 세계 84퍼센트가 넘는 분쟁이 이 두 대륙에서 발생한다.

무력 분쟁(2003)

무력 분쟁을 겪고 있는 나라 및 현재 민간인, 군 사망자 수

■ 1,000명~10,000명

■ 10,000명~100,000명

▦ 100,000명 이상

▶출처—Project Ploughshares 2004

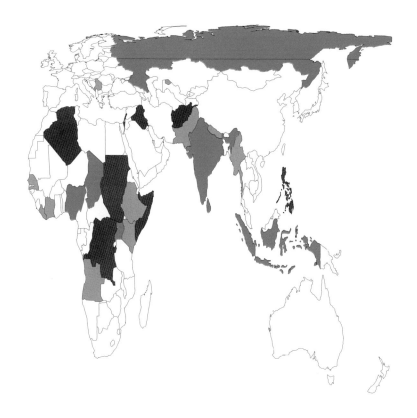

킬링필드

오늘날 캄보디아의 인구분포도를 보면 폴 포트 정권 아래 피로 얼룩진 지난 역사가 남긴 유산을 확인할 수 있다. 1980년대 발생한 대학살 때문에 인구 분포 피라미드의 경사가 고르지 않다. 20대의 나이에 너무나 많은 사람이 죽은 반면에 아이는 태어나지 못했다. 이웃 나라 라오스와 비교하면서 아래의 인구 분포를 보라.

캄보디아의 인구 분포(2004)

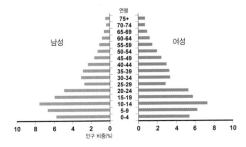

▶출처─Cambodian National Institute of Statistics Intercensal Population Survey 2004

라오스의 인구 분포(2000)

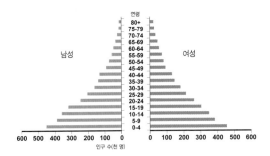

▶출처─US Census Bureau, International Data Base

캄보디아의 비전

1975년 4월 17일에 저는 여덟 살이었습니다. 두 명의 크메르루즈 군인이 총을 든 채 우리에게 집을 비우라고 했습니다. "걱정하지 마라, 사흘 안에 돌아오게 될 거야" 하고 우리를 안심시켰습니다. 그 후 1979년까지 우리 직계 가족 가운데 단지 네 사람만이 생존해 파리에서 살고 있습니다. 할머니, 두 숙모, 그리고 형이죠. 엄마, 누이, 그리고 다른 형은 모두 영양실조, 굶주림 그리고 병으로 죽었습니다. 아버지는 살해당했습니다. 임찬이 죽었다는 소식에 가슴이 미어집니다. 조각가 임찬은 교육받은 1만 4천 명의 사람들이 고문으로 죽은 투올 슬렝 감옥에서 살아남은 76명 가운데 한 사람이었습니다. 우리 크메르 사람들은 불교도로 만물이 무상無常함을 믿습니다. 그래서 우리는 삶과 죽음이라는 게 이 덧없고 일시적인 윤회의 일부분임을 받아들입니다.

장례식에서 아무도 울지 않는다고 말하지만 우리가 캄보디아에서 겪은 폭풍우의 격랑에 비할 피눈물은 아마 그 빈 눈동자 뒤에 가려져 쏟아질 겁니다.

▶참고―*Boreth Ly in Art Journal* Spring 2003. 이 글과 함께 게재된 사진 안에는 썩어가는 살 위로 안대를 하고 있는 해골이 있다.

진흙 밭으로 들어가는 사람들

당신은 영원히 땅을 밟지 않고 날아다닐 수 있을지 모른다. 즉, 땅을 폭파시킬 수도 있고, 원자폭탄으로 파괴할 수도 있으며, 가루로 만들어 버릴 수도 있고, 모든 생명을 깨끗이 쓸어 버릴 수도 있다. 그렇지만 만일 당신이 그 땅을 지키고, 보호하며, 문명을 위해 간직하고자 한다면, 그런 일은 땅위에서 이루어져야만 한다. 로마 군대가 자기 젊은이들을 진흙 밭으로 들어가게 한 것처럼 해야 하는 것이다.

▶출처─전역한 T.R. 페렌바흐 중령이 한국전쟁에 대해 쓴 책, 『실록 한국 전쟁*This kind of war*』(안동림 역, 문학사, 1965) 참고. 이 책은 현재 미군의 공식적인 도서 목록에 들어가 있다.

평화를 전개시켜 나가기

이상한 것은 당신이 평화에 대해 생각할 때 전쟁에 대해 생각하는 것을 그만둬 버린다는 것이다. (…) 그렇지만 분명한 것은 평화란 단순히 어떤 것의 부재를 의미하는 것이 아니고 그 이상을 의미한다. (…) 평화는 우리가 꿈에나 그리는 머나 먼 어떤 완벽한 상태가 아니고 분쟁을 포함하고 있는 더 일상적인 경험이다. 단지 그 분쟁이 모든 것을 파괴시키지 않을 뿐이다. 평화란 고정된 것도 마지막 상태도 아니다. 그것은 실험적인 것이며 꾸준히 전개시켜 나가는 과정에 있는 것이다. 불완전할 수밖에 없는 것이자 항상 향후 절대로 온전히 도달할 수 없는 어떤 조화를 향해 가는 것이다.

▶출처─Mark Sommer in *Whole Earth Review*, Summer 1986.

과테말라의 소년병

E는 열네 살 나이에 과테말라 군인으로 징집되었다. 내전은 1968년에 시작하여 20년이 넘도록 지속되고 있었다.

"군대는 악몽이었어요. 우리는 너무나 잔인하게 취급받았어요. 매일 악몽 같은 나날이었습니다. 우리는 쉬지 않고 두들겨 맞았는데 대부분은 왜 맞아야 하는지를 알지 못했습니다. 단순히 우리를 공포에 떨게 만들려는 것이었지요. 나는 아직도 입술에 흉터가 있고, 위가 심하게 아픕니다. 상사한테서 짐승과 같이 두들겨 맞아서 그렇습니다. 먹을 것은 턱없이 부족했습니다. 우리들은 엄청나게 무거운 짐을 지고 걸어야 했는데, 우리같이 작고 영양실조에 걸린 아이들이 지기엔 너무 무거웠지요. 그들은 적들과 어떻게 싸워야 하는지를 가르쳐 줬습니다. 나로서는 왜 싸우는지도 알 수 없는 그런 싸움인데요."

▶출처 – 〈평화서약연합Peace Pledge Union〉

함께라면 가능하다

우리 마을은 번영했다. 이전에 마을은 두 집단으로 쪼개져 있었지만 이제는 모두 같은 집단 안에 속한다. 같은 정보와 자원을 놓고 다투는 두 집단은 이제 더 이상 없다. 사람들은 하나가 될 때 더 많은 문제를 풀 수 있다.

▶출처 – Deepa Narayan, *Voices of the Poor*, Tanzania(World Bank, 1977)

또 하나의 벽돌을 얹자

아래는 사람들이 더 평화로운 세상을 진작하기 위해 일상에서 취할 수 있는 생각과 행동이다.

아이들을 우선으로 두자	나와 종교가 다른 사람을 집으로 초대하기	소규모 무기 통제
	조정	참전용사를 추모하여 가슴에 꽃 달기	
평화 꽃밭 가꾸기	빚은 잊어버리기	미소
	정치인에게 압력 행사하기	새장의 새 날려 보내기
누군가에게 읽는 법 가르쳐 주기	연금 수령자에게 편지 쓰기	〈국제사면위원회〉에 가입하기
기도	공동체 후원하기	인종주의에 반대하는 목소리를 내는 법 배우기	
지뢰 반대 운동	새로운 언어 배우기	아이에게 나비를 보여 주자
	비둘기를 그려 보자	어디에서든 흰 옷을 입자
의족에 값을 지불하자	한 번도 대화해 보지 않은 사람과 대화하기	평화의 기치를 올리자
	바다를 보지 않은 사람을 바다로 데려가자	여기에 당신의 생각을 보태 주세요	

■ 1장

1. M. Deutsch, *The Resolution of Conflict*(Yale University Press, 1973), 351~352.
2. www.ifm.eng.cam.ac.uk/dstools/choosing/confli.html
3. www.intractableconflict.org/m/underlying_causes.jpg
4. S. Fisher et al. "Tools for conflict analysis" in *Working with Conflict*(Zed Books, 2003), 17~35.
5. www.hawaii.edu/powerkills/WPP.CHAP10.HTM
6. 분쟁 분석에 대한 조사 접근은 Riots and Fisher(2003)의 주석 4번을 참고.
7. J. Senehe, "Constructive Storytelling in intercommunal Conflicts" in *Reconciliable Differences*(Kumarian Press, 2000)
8. P. Wallensteen, "Approaching conflict resolution" in *Understanding Conflict*(Sage, 2002)
9. A Morrison, "Disentangling disputes" in *Patterns of Conflict*, ed. L. Fisk and J. Schellenberg(Broadview Press, 2000)
10. J. Rasmussen, "Negotiating a revolution-toward integrating relationship, building and reconciliation into official peace negotiations" in *Reconciliation, Justice and Coexistence*, ed. M. Abu-Nimer(Lexington Books, 2001)
11. S. Anderlini, "The untapped resource-women in peace negotiations" in *Conflict Trends*(Accord/UNIFEM, 2003)
12. R. Soavana-Spiggs, "Bougainville women's role in conflict resolution" in *A Kind of Mending*(ANU Press, 2003)
13. M. Maundi, "Preventing conflict escalation in Brundi" in *From Promise to Practise* (International Peace Academy, 2003), 345~346.
14. J. P. Leaderach, "Cultivating peace: a practitioner's view" in *Contemporary Peacemaking*, eds. J. Darby and R. MacGinty(Palgrave Macmillan, 2003)

2장

1. L. Kriesberg, *Constructive Conflict from Escalation to Resolution*(Rowman & littlefield, 1998)
2. I. Parghi and B. Murphy, "Gender and conflict resolution and negotiation: what the literature tell us", *Harvard University Working Papers*, 1999.
3. En.wikipedia.org/wiki/Ahimsa
4. V. Volkan, *The Need to Have Enemies and Allies, From Clinical Practice to International Relationships*(Aronson, 1988) and *Blind Trust: Large Groups and Their Leaders in Times of Crisis and Terror*.
5. T. Pettigrew, "Applying social psychology to international social issues", *Journal of Social Issues*, Winter 1998. 663~680.
6. A. Bateman, D. Brown and J. Pedder, *Introduction to Psychotheraphy: an Outline of Psychodynamic Principle and Practice*, London: Routledge, Third Edition, 2000.
7. F. de Waal "Evolutionary ethics, aggression and violence", *Journal of Law, Medicine & Ethics*, Spring 2004, 18~24.
8. J. Bercovitch, "Managing internalized ethnic conflict: evaluating the role and relevance of mediation", *World Affairs* 166 Summer 2003, 56~72.
9. C. Crocker ed. *Herding Cats: Multiparty Mediation in a Complex World*(USIP, 1999)
10. H. Saunders, *A Public Peace Process: Sustained Dialogue to Transform Racial and Ethnic Conflicts*(St. Martin's Press, 1999)
11. H. Saunders, *Sustained Dialogue*, Presentation at Manukau City Council, November 2003.
12. 같은 책.
13. J. Davidson and C. Wood "A conflict resolution model", *Theory into Practice* 43, Winter. 2004.
14. 다음 웹사이트를 방문하면 용어에 대한 넓은 정의를 알 수 있다. 무슬림에 관해서는 www.4justpeace.com/ 유대인에 관해서는 www.ejjp.org/
15. *Informals* 6 may 1999.
16. UNESCO "The contribution by religions to the culture of peace"(Barcelona December, 1994). 다음 책도 참조하시오. E. Boulding, *Cultures of Peace: The Hidden Side of History*(Syracuse University Press, 2000)
17. G. Bingham, *Resolving Environmental Disputes*, Washington D.C.: The Conservation Foundation, 1986, 5, J. Bercovitch and Rubin(eds) *Mediation in International Relations, Multiple Approaches to Conflict Management*(St. Martin's Press, 1992)

3장

1. M. Sollenberg and Wallansteen, *States in Armed Conflict*, 1996(Department of Peace and Conflict Research, Uppsala University, 1997)
2. Y. Tandon, *Root Causes of Peacelessness and Approaches to Peace in Africa*, at: http://www.seatini.org/reports/roots.htm
3. D.H. Akenson, *Small Differences: Irish Catholics and Irish Protestants*(Gill and Macmillan, 1991)
4. S. Prasad and D. Snell, "Enabling Civic Capacities for Conflict Prevention and Peace-building" *Searching for Peace in Asia-Pacific*, by A. Heimanns, N. Simmonds and H. van de Veen(Lynne Riener & Boulder, 2004)
5. "Children, diversity, religion and conflict", Keynote Speech for GNRC Maryknoll, New York, 12 May 2002.
6. R. Leith and H. Solomon, *On Ethnicity and Ethnic Management in Nigeria*, at: http://www.accord.org.za/ajcr/2001-1/accordr_v2_n1_a5.html.
7. D. Turton, ed. *War and Ethnicity*(Transaction, 1997), 10.
8. S. Ting-Toomey and J. Oetzel, *Managing Intercultural Conflicts Effectively*(Sage, 2001)
9. J. Mertus, *Kosovo: How Myths and Truths Started a War*(University of California Press, 1999)
10. R. Muscat, *Investing in Peace: How Development Aid can Prevent or Promote Conflict* (ME Sharpe, 2002)
11. 더 많은 정보를 위해서는 다음을 참조하시오. http://www.cia.gov/cia/publications/factbook/geos/pp.html.
12. www.beyondintraactability.org/m/interests.jsp
13. R. Fisher, E. Kopelman and A. Schneider, "Look behind statements for underlying interests" in *Beyond Machiavelli: Tools for Coping with Conflict*(Harvard University Press, 1994: 39~40)
14. 〈국제투명성기구〉를 참고하시오. www.transparency.org/
15. J. McDonald, "The need for multi-track diplomacy", *Centre for Development Research* (ZEF) (Bonn, 2000), Paper 9.
16. L. Szalay, "Intercultural communication-a process model", *International Journal of Intercultural Relations*, 1981(5).
17. R. Cohen, *Negotiating Across Culture: Communication Obstacles in International Diplomacy*(USIP, 1991)
18. Cohen, 주석 12번을 참조하시오.
19. M. Randle's review in *CCTS Newsletter 16* of H. Clark's *Kosovo Work in Progress: Closing the Cycle of Violence*(Coventry University, 2002)에서 인용.

■4장

1. "Ten Steps to Peace" (*The Guardian*, 8 August 2001)에서 조내선 프리드랜드Jonathan Freedland가 한 계산. 연간 사망자 수 추정치는 다음을 참조하시오. "The lesser Unpleasantries of the Twentieth Century", http://users.erols.com/mwhite28/warstat5.htm
2. 대학살에 관한 정보는 다음을 참조하시오. http://www.preventgenocide.org/law/convention/text.htm
3. V. Tishkov, *Chechnya, Life in a War-Torn Society*(University of California Press, 2004)
4. 〈세계은행〉은 가끔은 해괴한 경제적 설명을 곁들이기는 하지만 이 이슈와 관련된 연구를 지원해 주고 있다.
5. M. Lund, "Underrating preventive diplomacy" *Foreign Affairs*, July 1995.
6. W. Schneidman, *Engaging Africa: Washington and the Fall of Portugal's Colonial Empire*(University Press of America, 2004)
7. I. Rabinovich, *Waging Peace: Israel and the Arabs, 1948~2003*(Princeton University Press, 2004)
8. S. Touval, "Case Study: Lessons of Preventive Diplomacy in Yugoslavia", in C. Crocker et al. (eds.) *Managing Global Chaos*(USIP press, 1996), 403~418.
9. 독재자의 재산은 서구 나라들이 좀 더 정직해져야 할 필요가 있는 이슈 가운데 좋은 사례다. 독재자의 재산은 종종 서구 나라들에 은닉되기 때문이다. 뒤이은 정부도 보통은 독재자가 도적질한 부분에 대해 그렇게까지 엄격하게 조사하지 않는다.
10. A. George, *Forceful Persuasion: Coercive Diplomacy as an Alternative to War*(USIP Press, 1991), 4.
11. M. Anderson, *Do No Harm: How aid can support peace or war*(Lynne Rienner, 1999)
12. J. McDonald, "Further explanations of track two diplomacy" in *Timing the De-Escalation of International Conficts* (eds.) Kriesberg and Thorson(Syracuse University Press, 1991), 201~220.
13. www.iansa.org/
14. www.momitor.upeace.org/archive.cfm?id_article=48
15. M. Roios and S. Ficher, "Appreciative inquiry as a tool for conflict resolution" in C. Sampson et al. (eds.) *Positive Approaches to Peace-building*(Pact Publications, 2003), 237~256.

■5장

1. L. Polman (R. Black 역), *We Did Nothing: Why the Truth Doesn't Always Come out When the UN Goes in*(Penguin, 2003)

2. 유엔 헌장은 다음 사이트를 참조하라. www.un.org/aboutun/charter/

3. UNMIL 2003 online, http://www.un.org

4. http://www.diggerhistory.info/pages-medals/in1.htm

5. M. Berdal, "How, 'new' are 'new' wars? Global economic change and the study of civlil war", *Global Governance*, October 2003.

6. J. Galtung "Cultural Violence", *Journal of Peace research*, vol. 27, no. 3, 1990, 291~305; J.P. Lederach, Building Peace, *Sustainable Reconciliation in Divided Societies*, Washington D.C.: United States Institutes of Peace Press, 1997; C. Mitchell "Necessitous man and Conflict Resolution: More Basic Questions About Human Needs Theory", in J. Burton (ed.) *Conflict Human Needs Theory*(Macmillan, 1990), 149~176.

7. S. Chesterman, et al. *Making States Work: From State Failure to State-Building* (International Peace Academy: New York, 2004)

8. *Official Report of the Panel on UN Peace Operations*, United Nations, 2000.

9. M. Barnett, *Eyewitness to a Genocide: the United Nations and Rwanda*(Cornell University Press, 2002)

10. B. Valentino, *Final Solutions: Mass Killing and Genocide in the 20th Century*(Cornell University press, 2004)

11. H. Ware, "Demography, migration and conflict in the Pacific", *Journal of Peace Research* 42(4): 437~457, 2005.

12. 이것이 앙골라에서 어떻게 작동하는지는 버달Berdal이 주석 5에서 기술한 바 있다.

■6장

1. www.ministryforpeace.org.uk

2. www.guerillalaw.com/mediation.html

3. R. Rummel, *Death by Government*(Transaction, 1994)

4. On 28/10/2004. *The Lancet*에는 이라크 전쟁 이후 죽음에 대한 보고서가 나와 있다. 이에 이어 웹상에서 벌어지는 난상 토론은 이 문제가 얼마나 복합적인지를 잘 보여 준다.

5. G. Harris, "The costs of armed conflict" in G. Harris ed. *Recovery from Armed Conflict in Developed Countries*(Routledge, 1999)

6. P. Wrobel, *Disarmament and Conflict Resolution: Nicaragua and El Salvador*(United nations, 1997), 125.

7. F. Stewart "War and underdevelopment: can economic analysis help reduce the costs", *Journal of International Development*, 5(4), 357~380, 1993.

8. S. Dolittle, "Ten reasons why militarism is bad for the environment", www.umass.

edu/peri/warandpeace.html

9. "The environmental impacts of war", www.islandpress.org/eco-compass/war
10. P. Rogers, "The environmental costs of war", www.preparingforpeace.org
11. H. Ware, *Field Notes*, Kigali, 1995.
12. World Vision, *An Ounce of Prevention: The Failure of G8 Policy on Armed Conflict*, 2004.
13. www.diamonds.net을 방문하면 다이아몬드를 둘러싼 분쟁에 대한 정보를 알 수 있다.
14. P. Richards, *Fighting for the Rain Forest: War, Youth and Resources in Sierra Leone*, 1996.
15. 스리랑카에서 벌어진 치욕과 인권 침해의 상황은 다음 사이트를 참조하시오. www.peacewomen.org/news/SriLanka/Nov03/woes.htm
16. www.imf.org/external/pubs/ft/fandd/2002/12/gupta.htm
17. B. Clements, S. Gupta and J. Schiff, 'What happened to the peace dividend?' (World Bank, 2002)
18. 〈유엔인권위원회The UN Commission on Human Rights〉와 Demilitarization.com 사이트를 참조하시오.
19. www.saferworld.org.uk

■7장

1. *Voices of the Poor*(World Bank, 2000), 60개국에서 가난한 사람들을 인터뷰한 내용을 기반으로 한 연구.
2. 솔로몬제도에서는 누구든 총기를 소지하면 수감될 수 있다.
3. A. Sen, *Development as Freedom*(Anchor, 1999)
4. P. Ackerman and J. DuVall, *A Force More Powerful*(Palgrave, 2001)
5. M. Havini, "The role of Bougainvillean women in the war and the peace process" in G. Harris and others, *Building peace in Bougainville*(University of New England Press, 1999) and A. Pollard, "Resolving conflict in the Solomon Islands; the Women for peace approach", *Development Bulletin* 53:34~38(October 2000)
6. M. King and F. Cavadini, *An Evergreen Island*(Frontyard Films, 2000)

■ 관련 단체

■ 국제 단체

1. 국제위기그룹International Crisis Group

　　주소 149 Avenue Louise Level 24 B-1050 Brussels Belgium

　　전화 +32 2 502 90 38

　　팩스 +32 2 502 50 38

　　이메일 brussels@crisisgroup.org

　　웹사이트 www.crisisgroup.org

2. 스톡홀름국제평화연구소Stockholm International Peace Research Institute(SIPRI)

　　주소 Signalistgatan 9 SE 169 70 Solna Sweden

　　전화 +46 8 655 97 00

　　팩스 +46 8 655 97 33

　　이메일 sipri@siprit.org

　　웹사이트 www.sipri.org

3. 유엔 평화 관련 웹사이트

　　www.un.org/en/peace/

■ 뉴질랜드(아오테아로아)

1. 아오테아로아평화운동Peace Movement Aotearoa

주소 PO Box 9314 Wellington 6141

전화 +64 4 382 8129

팩스 +64 4 382 8173

이메일 pma@apc.org.nz

웹사이트 www.converge.org.nz/pma/

■ 미국

1. 미국평화연구소United States Institute of Peace

주소 2301 Constitution Avenue, NW Washington DC 20037

전화 +1 202 457 1700

팩스 +1 202 429 6063

이메일 usiprequests@usip.org

웹사이트 www.usip.org

■ 영국

1. 세이퍼월드Saferworld

주소 28 Charles Square London NI 6HT UK

전화 +44 20 7324 4646

팩스 +44 20 7324 4647

이메일 general@saferworld.org.uk

웹사이트 www.saferworld.org.uk

■ 캐나다

1. 캐나다평화연대Canadian Peace Alliance

    주소 427 Bloor Street West Box 13 Toronto, Ontario M5S 1X7

    전화 +1 416 588 5555

    팩스 +1 416 588 5556

    이메일 cpa@web.ca

    웹사이트 www.acp-cpa.ca/en/index.html

■ 한국

1. 아시아평화인권연대

    주소 부산시 진구 전포2동 193-3 송광빌딩 4층

    전화 051 818 4749

    팩스 051 803 9630

    이메일 sopra21@korea.com

    웹사이트 www.sopra21.org/

2. 5.18기념재단

    주소 광주광역시 서구 내방로 152 5.18기념문화관

    전화 062 360 0518

    팩스 062 360 0519

    웹사이트 www.518.org

3. 국제민주연대

    주소 서울시 종로구 필운동 184-2 2층

    전화 02 736 5808~9

    팩스 02 736 5810

    이메일 khis21@hanmail. net

    웹사이트 www.khis.or.kr

4. 좋은 벗들

    주소 서울시 서초구 서초3동 1585-16호

    전화 02 587 8996

    팩스 02 587 8998

    웹사이트 www.goodfriends.or.kr

5. 평화박물관

    주소 서울시 종로구 견지동 99-1

    전화 02 735 5811~2

    팩스 02 735 5810

    이메일 peacemuseum@empal.com

    웹사이트 www.peacemuseum.or.kr

6. 한국국방연구원 세계분쟁 웹사이트

    http://www.kida.re.kr/woww/

■ 함께 보면 좋을 책과 영화

■ 책

나는 어린이 병사―총을 들고 죽어 가는 분쟁 지역의 아이들

국제앰네스티 일본 지부 지음, 조미량 옮김, 현암사

전 세계 분쟁 지역 어린이들이 어떻게 병사가 되고, 어떻게 조직적으로 동원되며 왜 이 문제
가 해결되지 않는지 짚어 본다. 각 나라의 분쟁 원인과 어린이 병사의 동원 현황, 그 충격적인
실태와 함께 문제를 해결하기 위해 필요한 일들을 정리한다. 분쟁 지역에서 어린이들은 순종
적이고 세뇌가 쉽다는 것, 또 강제력을 행사하기가 더 용이하다는 점 때문에 마구잡이로 징집
되고 있는 실정이며 총알받이나 스파이, 성 노예 등 전쟁의 소모품처럼 쓰이면서 마약과 술에
무방비로 노출되고 있다.

위기와 분쟁의 아틀라스

파스칼 보니파스 · 위베르 베드린 지음, 남윤지 옮김, 책과함께

한눈에 보기 쉬운 대륙별 분쟁 지도와 함께 국가 간 분쟁을 중점적으로 다루면서 각 지역에서
일어난 분쟁의 발단과 전개 과정, 현재 상황은 물론 앞으로 일어날 수 있는 미래 예측 시나리오
까지 일목요연하게 정리한 책이다. 이를 통해 분쟁이 어떻게 '세계화'되고 있는지 알 수 있다.

오늘의 세계 분쟁―국제 분쟁 전문가 김재명의 전선 리포트

김재명 지음, 미지북스

국제 분쟁 전문가 김재명이 15년 동안 세계 15곳의 분쟁 지역을 직접 취재한 기록이다. 분쟁
지역에 대한 객관적인 서술뿐만 아니라, 현장에서 만난 전쟁 피해자, 난민, 정치 지도자, 병사,

국제기구 요원들과의 귀중한 인터뷰들이 담겨 있다.

정복은 계속된다

노엄 촘스키 지음, 오애리 옮김, 이후

1492년 콜럼버스의 아메리카 대륙 정복 이후 오늘날까지, 500년 제국주의 역사와 미국의 침략사를 정리했다. 20세기 이전까지 유럽 제국의 식민 정복과 그 뒤를 이은 미국의 패권주의적 개입 정책, 특히 2차 세계대전 이후 신식민지적 정복, 1980년대 이후의 신자유주의적 경제 정책 등을 동일한 관점에서 비판하는 촘스키의 방대한 작업 속에서 21세기에도 여전히 남·북반구 간의 갈등과 미국 중심의 패권주의가 지속되리라는 암울한 전망을 읽어낼 수 있다.

■ 영화

이노센트 보이스

루이스 만도키, 2004

1980년대 엘살바도르는 지주와 농민 사이의 갈등이 내전으로 비화되어 지주를 비호하는 정부군과 농민과 지식인이 중심이 된 좌익 게릴라 사이에 치열한 전투가 계속되고 있었다. 소년들은 열두 살을 전후로 군대로 끌려갔고, 기껏 징병을 피해 달아난다고 해도 게릴라 조직으로 유입되기 일쑤였다. 열한 살 차바는 일상적으로 포탄이 날아다니는 마을에 살면서 이웃집 누나가 총에 맞아 죽는 것을 보고, 군대에 끌려갔던 친구가 완전히 다른 사람이 되어 나타나는 것을 보면서 마을을 떠날 결심을 한다.

블러디 선데이

폴 그린그래스 감독, 2004

1972년 영국 북아일랜드에서 일어났던 개신교와 가톨릭교 사이의 분쟁을 소재로 한 영화다.

북아일랜드 데리 시의 가톨릭교도들은 영국 정부의 폭압에 맞서 정당한 시민권을 주장하는 비폭력 평화 행진을 계획한다. 그러나 북아일랜드에서 일어나는 모든 집회를 불법으로 간주하는 당국은 공수부대를 배치하고 시위의 긴장감은 극에 달한다. 곧 흥분한 시민들이 던진 돌에 공수부대가 무차별 총격으로 응하면서 열세 명의 사망자가 발생하는 끔찍한 참극이 벌어진다. 훗날 이 사건은 '피의 일요일'로 알려지게 되고, 사건을 은폐하려고 한 영국 정부를 향해 대내외적으로 거센 비난이 일었다.

킬링필드

롤랑 조페, 1985

캄보디아 킬링필드를 소재로 한 영화. 1980년 퓰리처상을 수상한 시드니 선버그 기자의 글 "디스프란의 생과 사: 한 캄보디아인의 이야기"를 각색했다. 군사 쿠데타를 통해 론놀 정권을 실각시키고 1975년 들어선 크메르루즈 정권의 실정을 폭로한 영화 속에는 비인간적이고 끔찍한 캄보디아의 현실이 담겼다. 『뉴욕타임스』 특파원으로 캄보디아에 온 시드니와 그의 현지인 통역관 디스 프란이 겪은 일을 중심으로 한 이 영화는 큰 반향을 불러일으켰을 뿐 아니라, 1996년 주연 배우였던 행 응고르의 사망에 크메르루즈가 연루되어 있다는 정황이 밝혀지면서 전 세계를 충격에 빠뜨렸다.

칸다하르

모흐센 마흐말바프 감독, 2002

아프가니스탄의 현실을 보여 주기 위해 다큐멘터리 기법으로 연출한 영화다. 영화에서 주연을 맡은 파지라(나파스 역)는 아프간 내전으로 조국을 탈출해 캐나다에 정착한 실존 인물로, 자신의 경험을 영화의 모티브로 적극 활용했다. 나파스는 아프가니스탄에서 태어났지만 캐나다로 탈출해 기자로 성공한다. 그러나 어느 날 지뢰가 폭발해 다리를 잃은 여동생에게서 자살하겠다는 편지를 받는다. 영화는 여동생의 자살을 막기 위해 아프가니스탄에 잠입하기로 한 나파스의 경로를 따라가고 있다. 그 과정에서 탈레반 치하의 잔인한 현실이 드러난다.

평화를 위한 정치가 필요하다

아시아평화인권연대 이광수

번역이 막바지에 이른 2012년 2월 말, 전쟁과 평화를 둘러싼 논란이 전국을 휩쓸었다. 제주도 해군 기지 건설을 두고 평화운동 진영과 국익 추구 진영의 대립이 치열하게 전개되었는데, 19대 국회의원 선거와 겹쳐 사태는 본말이 전도되는 방향으로 흘러갔다. 우익 진영에서는 진보 진영의 한 정치 초년생이 저지른 단순한 실수하나를 '해적 기지' 문제로 비화시키면서 사건의 본질을 희석시키는 데 성공했고, 좌익 진영에서는 본질적으로 분단된 한반도라는 지정학적 성격상 반전 운동을 전개하기 어려운 상황에서 환경 운동과 결합시켜 운동을 대중화시키는 데 성공했다. 하지만 강정마을 해군기지 건설 문제의 본질은 평화에 있다. 이 차원에서 다음의 사실은 진영 논리와 관계없이 명확하게 논의되어야 한다. 군비 확대가 전쟁 억제와 평화 구축의 해결책이 될 수 있는 것인가? 즉, 전쟁 억제의 가장 효과적인 방법은 정치를 통하는 것이 아닌가 하는 것이다.

이 대목에서 우리는 전쟁이란 정치적 수단과는 다른 수단으로 하는 정치라는 카를 폰 클라우제비츠의 일갈을 반드시 마음에 새겨야 한다. 전쟁이라는 것이 멀리 있는 게 아니고 여차하면 터질 수 있다는 뜻이다. 그런데 우리가 사는 이 땅의 국가주의 정치인과 일부 극우 사이비 민족주의자는 너무나 쉽게 '전쟁'이라는 어휘를 입에 올린다. 그들은 전쟁과 통일을 분리해서 보는 것을 거부하면서 북을 타도하기 위해선 일정 부분 희생도 감수할 수 있다고 생각한다. 전쟁도 불사하겠다는 것이다. 하지만 전쟁이란 마오쩌둥이 말하듯, 사람들을 저녁 식사에 초대하거나 시를 한 편 쓰는 것과 같은 그런 일상의 한 부분이 아니다. 전쟁은 그것이 국가 간의 것이든 민족이나 종족 간의 것이든, 어떠한 인간의 행위보다 잔혹하며 오래도록 깊게 지속되는 상상 이상의 트라우마를 동반한다는 것을 명심해야 한다. 전쟁이 한번 터지면 온전히 살아남는 것은 없다. 그렇다면 전쟁을 겪지 않고 온전히 살아남기 위한 방법은 무엇일까? 정치밖에 없다는 게 내 생각이다.

정치를 하지 않고서 평화를 도모하겠다는 것은 대단히 어처구니없는 발상이다. 민족주의나 국가주의를 내세우는 우익 진영을 염두에 두고 하는 소리만은 아니다. 오로지 옳은 것만 주장하고 밀어붙이면서 소수자로서 고고하게 살며 뿌듯해 하는 일부 좌익 세력을 겨냥하는 것이기도 하다. 지금 우리는 국가 간의 갈등이 사라진 냉전 이후의 시기, 이성과 체계 그리고 계몽을 토대로 하는 근대성이 그 효력을 상실해 가는 시대에 서 있다. 시대는 그러한데 여전히 정체성과 이념은 도처에서 판을 친다. 그 정체성과 이념을 둘러싼 서로 간의 반목과 대립, 그리고 소통 불가가 사회 전체를 단절과 파국으로 치닫게 한다. 이를 해결하기 위해서는 갈등의 조정과 타협이라는 정치의 본질로 돌아가는 수밖에 없다. 그렇지만 아직 사람들은 정치를 갈망하지 않는다. 정치는 여전히 혐오 리스트 저 앞쪽에 있다.

초등학교 교실에서부터 정치를 통해 양보하고 조정하고 타협하며 평화를 쌓는 훈련을 해야 한다. 정치를 하는 것이 비겁한 길이 아니고 공생으로 가는 길임을 몸에 익혀야 한다. 이 시대는 비스마르크와 같은 웅변가도 필요 없을 뿐만 아니라 잔 다르크와 같은 영웅도 필요 없다. 문제의 해결책을 '내'가 제시해 주려 하기보다는 상대방의 말을 듣고, 상대방에 공감한 뒤 그와 나 사이에 양보를 통한 조정이 만들어지고 그 위에서 평화가 쌓여야 한다. 그리고 상황에 따라 융통성 있게 조정과 양보를 반복해야 한다는 사실을 받아들이는 훈련을 해야 한다. 이제 오랫동안 우리를 가위 누르듯 눌러 왔던 민주-반민주, 선과 악의 구도에서 벗어나야 할 때가 왔다. 정몽주의 단심가丹心歌보다는 이방원의 하여가何如歌가 이 시대에 더 필요하다는 사실, 그리고 사육신보다는 신숙주가 이 시대가 더 필요로 하는 인물이라는 사실을 받아들여야 한다.

이 책은 그런 맥락에서 평화 구축이라는 거대한 일을, 담론이 아닌 작은 행위들을 통해서 이루어야 한다는 지극히 소박한 목소리를 담고 있다. 이 책은 수없이 많은 사례를 제시하면서도 어떤 특정한 이론을 수립하려 하지도 않고, 특정 이론에 근거하여 그에 맞는 경우만을 골라 무엇인가를 입증하려 하지도 않는다. 다만, 사소한 갈등에서부터 종족 분쟁, 내전, 국가 간의 전쟁까지 여러 형태의 폭력을 피하기 위한 가장 좋은 방법은 예방이고, 그 예방은 주민의 참여를 포함한 정치, 또 국가 간 외교를 통해 이루어진다는 사실을 분명히 보여 준다.

〈아시아평화인권연대〉는 지난 7년 동안 캄보디아의 가난한 작은 마을의 자립을 돕는 일에 어느 정도 기반을 다져 왔다. 그리고 베트남전에 참전해 돌아가신 아버지의 뜻을 기리고자 그곳 주민들에게 사과하고, 그 뜻으로 추진한 장학 사업도 상당한 궤도에 올랐다. 그래서 개인적으로 반전과 평화에 관한 공부를 더 하고 싶다고, 혹시 좋은 책 번역할 것 있으면 소개해 달라고 이후출판사에 요청했다. 그리고 몇 개월이 지난 후 이 책이 왔다. 앞서 번역한 『테러리즘, 폭력인가 저항인가』와 같은 《아주 특별한 상식 NN 시리즈》에 속한 책이라 반갑게 바로 청탁을 수락했다. 번역을 통해 개인적으로는 많이 배웠고, 내 활동을 많이 반성하는 계기가 되었다. 무엇보다도 이렇게 좋은 책을 세상에 널리 알릴 기회를 준 이후출판사에 감사드린다.

옮긴이 아시아평화인권연대 이광수

아시아평화인권연대는 2001년 9월 11일에 발생한 전대미문의 테러와 그 직후 미국 정부가 취한 아프가니스탄과 이라크에 대한 반테러 전쟁에 반대하며 반전과 평화를 기치로 삼고 만든 작은 비정부단체로 부산에 터를 두고 있다.

이 책을 번역한 이광수는 아시아평화인권연대 공동대표로, 한국외국어대학교 인도어과를 졸업하고, 인도 델리 대학교 대학원에서 역사학으로 박사 학위를 받았다. 현재 부산외국어대학교 러시아 · 인도통상학부 교수로 재직 중이다. 『역사 없는 사람들』, 『성스러운 암소 신화』, 『침묵의 이면에 감추어진 역사』, 『테러리즘, 폭력인가 저항인가?』 등을 옮겼고, 『인도는 무엇으로 사는가』, 『인도사에서 종교와 역사 만들기』, 『역사는 핵무기보다 무섭다』 등을 썼다.

《아주 특별한 상식 NN-국제분쟁》
국제분쟁, 재앙인가, 평화를 위한 갈등인가?

지은이 I 헬렌 웨어 외
옮긴이 I 아시아평화인권연대 이광수
펴낸이 I 이명회
펴낸곳 I 도서출판 이후
편집 I 김은주, 신원제, 유정언
마케팅 I 김우정
디자인 디렉팅 I Studio Bemine
표지 · 본문 디자인 I 이수정

첫 번째 찍은 날 2013년 3월 15일

등록 I 1998. 2. 18(제13-828호)
주소 I 121-754 서울시 마포구 동교동 165-8 엘지팰리스빌딩 1229호
전화 I 대표 02-3141-9640 편집 02-3141-9643 팩스 02-3141-9641
홈페이지 I www.ewho.co.kr

ISBN 978-89-6157-067-1 03300

이 도서의 국립중앙도서관 출판시도서목록(CIP)은 e-CIP홈페이지
(http://www.nl.go.kr/ecip)와 국가자료공동목록시스템(http://www.nl.go.kr/kolisnet)
에서 이용하실 수 있습니다.(CIP제어번호: CIP2013000198)